ウェルビーイング・マネジメント7か条

幸せなチームが結果を出す

株式会社ポーラ代表取締役社長
及川美紀
EVOL株式会社代表取締役CEO
前野マドカ

日経BP

第2章 あなたは今、幸せですか？

第3章 危機のなかで見つけた「幸せなチーム」の力

第4章

ポーラ幸せ研究所が見つけた！「幸せなチームづくり7か条」

第6章 幸せで成果を出すリーダー4人がやっていること・やらないこと

本書に掲載いたしましたポーラに関するデータ（社員数、ポーラショップの店舗数、ビューティーディレクターの人数など）は特に断りがない場合、2023年3月現在のものです

なぜ今、ポーラが幸せ研究をするのか？

株式会社ポーラ 代表取締役社長
ポーラ幸せ研究所 所長
及川美紀

「私は何のために生きているのだろう？」

誰もが「生きる目的」という問題に頭を悩ませたことがあると思います。たどり着く答えは人によって様々でしょうし、人生の局面によっても変わってくるはずです。ただ、私たち全員が共通して目指すところは、「幸せ」という素朴な一言で表現できるようにも思います。何をもって幸せとするかは人それぞれ違っても、誰もが「幸せになるために生きている」。そう言っていいのではないでしょうか。

最近「ウェルビーイング」（心身の健康や幸福）という言葉を、しばしば見聞きするようになりました。精神的にも身体的にも、そして社会的にも健康で満ち足りた状態は、誰もが目指す人生の目的地です。

幸せを組織マネジメントの拠り所に据える動きも活発になっています。従来、企業活動の最たる目的は収益の獲得でした。ところが近年、従業員を幸せにすること、社会に幸せを広げることを、収益にも増して重要な目標として掲げる企業が増えています。現在私が社長を務めるポーラもその1社です。企業理念は「私たちは、美と健康を願う人々および社会の永続的幸福を実現します。」であり、幸せへのこだわりの強さには自負があります。

2021年4月には、「ポーラ幸せ研究所」を設立し、幸福学の第一人者である、慶應義塾大学大学院システムデザイン・マネジメント（SDM）研究科教授の前野隆司さんと、そのパートナーであり本書の共著者でもある前野マドカさんと共同研究を始めました。幸せのメカニズムを科学的に分析し、ポーラでの実践・トライアル&エラーを積み重ねながら、得た知見を社会に提供するのが目的です。

日本国内の少子高齢化によるマーケット縮小、人手不足、環境問題、長引く新型コロナウイルスの影響など、多くの組織が大なり小なり未来への不安を抱えている中で、「なぜ幸せ?」「まず利益をあげることが先でしょう」と疑問を抱く方もいるかもしれません。私もその厳しさに日々直面している経営者であり、リーダーのひとりです。コロナ禍の最中には「存亡の危機」という言葉が頭をよぎったこともあります。

その上で、だからこそ今、リーダーは幸せについて考えるべきだと思い至りました。一緒に働く仲間、その家族、そして自分自身を幸せにすることができなかったら、お客さまや社会を幸せにすることができるはずがなく、やがてその組織は社会にとって必要とされなくなってしまいます。つまり、社会の永続的な幸福に貢献できないのなら、企業の永続的な成長もないと私は考えています。

本書で後ほど詳しく触れますが、幸福度とビジネス上の成果に強い相関があることは様々な研究によって裏付けられています。言い換えるなら、働く人の幸福度が高まれば業績的な成果は後からついてくるのです。

ポーラショップのスタッフはなぜか幸福度が高い

私たちが研究所をつくってまで、幸せを探求するに至った重要なきっかけとなってくれたのはポーラの事業の最前線にいる約2万5000人のビューティーディレクターたちです。かつて「ポーラレディ」という名で知られたビューティーディレクターたちは、全国に約2700店ある(百貨店は除く)ポーラショップで働く、いわゆる美容部員です。カウンセリング、エステを行い、お客さまにポーラの製品とサービスを届ける美のプロフェッショナルです。

10代から100歳を超える方まで年齢層は幅広く、多様なバックグラウンドを持つメンバーがチームをつくり、ポーラショップを盛り上げています。全員が個人事業主で、自由な働き方が可能な一方、スキルや収入は個人の努力次第です。

つまり実力主義の職場なのですが、アンケート調査を行ったところ、「ポーラのビューティーディレクターは一般の働く女性よりも幸福度が高い」という結果が出ました。私たちにとってもうれしい驚きでした。

幸福学の研究によれば、美に関わる仕事、人の肌に触れる仕事に携わる人はそもそも幸福度が高い傾向があるそうですが、それに加えて何か秘密があるはずと思いました。そこでビューティーディレクターたちの職場であるポーラショップのチームマネジメントについてさらに調査を行い、チームメンバーの幸福度が高く、かつ成果を出しているチームのリーダーの行動や特徴を分析しました。その結果、導き出されたのが、本書でご紹介する「幸せなチームづくり7か条」です。7つのアプローチのそれぞれが幸福度と生産性にどう関わるかにも踏み込み、統計的な分析も行っています。

これは企業にとどまらず、あらゆる組織やチームにとって有用なデータだと思います。私たちだけで独占しているのはもったいない、ぜひ日本中に広めたい。

本書を紡いだのは、そんな思いに突き動かされてのことです。

大企業も中小企業も、飲食店や美容院のような個人商店も、人の集団＝チームであることに変わりはありません。リーダーもメンバーも幸福に働ける、しかもパフォーマンスが高まるチームマネジメント。言い換えるなら、仲間と働くことの喜びを心の底から味わえるようなチームづくりを模索している方に、ぜひお役立ていただきたいと思います。とりわけ、厳しい経営環境やチームマネジメントの難しさを感じているリーダーの皆さまに、ヒントと明日への活力をお届けしたいと思っています。

めまぐるしいまでの環境の激変は、これまでの常識をすっかり変えてしまいました。トップダウンのリーダーシップや目先の数字ばかりを重視する成果主義は通用しない時代です。「ならばこれから、何を拠り所にチームづくりをしたらいいのか？」。私自身、経営者としてとことん悩み、模索しました。実のところはまだジタバタと試行錯誤を続けているのですが、共著者の前野マドカさん、ポーラ幸せ研究所のメンバー、ポーラショップの皆さんの多大な協力のもとに、科学的な分析を重ねてたどり着いた「幸せ」というキーワードの力に、今、確かな手ごたえを感じています。

リーダーの皆さまが、この本を読み終えた後、幸せな気持ちになっていただけることを心より願って、まずは前野マドカさんに幸福学と企業経営との関わりから解説していただきます。

第1章

幸せ経営が組織を強くする

EVOL株式会社 代表取締役CEO
前野マドカ

日本を代表する経営者たちが本気で「幸せ」を語る時代

はじめまして、前野マドカです。慶應義塾大学大学院システムデザイン・マネジメント研究科付属SDM研究所の一員として、幸福学を研究しています。

一方で「EVOL」という会社の経営者でもあります。誰もが幸せに生きる社会をつくることが、この会社の目的です。企業向けに、社員の幸せと生産性を向上させるウェルビーイング研修をしたり、組織づくりのコンサルティングを行ったりする事業を展開しています。

日本の幸福学研究のパイオニアであり、公私ともにパートナーである慶應義塾大学大学院教授の前野隆司と私のところへ、2年前のある日、ポーラの社長である及川美紀さんがお見えになりました。「『ポーラ幸せ研究所』を設立するのでアドバイザーとして協力してほしい」というご提案でした（ちなみにポーラでは人を肩書で呼ばないことになっていて、社長も例外ではないそう。なので、私も

「さん」づけで呼ばせていただきます)。

「ポーラの企業理念である『美と健康を願う人々および社会の永続的幸福の実現』、私たちはこれをお題目にせず、どのような方法でそれが実現できるのかを科学的に明らかにしたい。ぜひ幸せについて一緒に研究してほしい」。及川さんの思いは熱いものでした。

まずは国内約1300人の社員と、ショップを担うビューティーディレクター約2万5000人を抱えるポーラ自体を研究リソースとして、「幸せ経営」「幸せ接客」「幸せサービス」「幸せ人材」とは何かを追求する。美しい生き方や豊かさを内包するポーラ流の幸せ因子を特定して、製品やサービスの設計に生かす。研究で明らかになったノウハウを社会に発信して、広く役立ててもらいたい。

そんな構想に大いに共鳴して、私たちも本気で関わりたいと思いました。二つ返事でご依頼を受けたのは言うまでもありません。

今、「幸せ」が世界の関心事になっています。働く人の幸せを大切にし、社会を幸せにすることを目指す会社が、どんどん増えています。ウェルビーイング（身体的、精神的、社会的に良好で健やかな状態であること）は、世界的に重要な経営課題であり、CWO（チーフ・ウェルビーイング・オフィサー）、CHO（チーフ・ハピネス・オフィサー）といった、「幸せ担当」の役員を設ける会社も増えています。

国内でも、日本を代表する経営者たちが口々に、本気で「幸せ」を語り始めました。例えば、トヨタ自動車株式会社の豊田章男会長は、同社のミッションを「幸せの量産」と定義しました。株式会社丸井の青野真博社長は、「自分らしく豊かに、しあわせになりたいという気持ちに対応するビジネスモデルができれば、小売には非常に明るい未来がある」というメッセージを掲げ、スタッフがお正月に家族と過ごせるように2023年から三が日を休業にしました。積水ハウス株式会社の仲井嘉浩社長は「『わが家』を世界一幸せな場所にする」というグローバルビジョンを掲げています。

「ウェルビーイング」は「長く・広く・確かな幸せ」

「ウェルビーイング」という言葉になじみがない方もいらっしゃるかと思います。興味はあるし、大切なことのようだけど、どういう意味なのかよく分からないという人も多いと思います。

この言葉が初めて登場したのは、1946年に設立されたWHO（世界保健機関）の憲章においてです。健康とは「肉体的にも精神的にも社会的にも、すべてが良好な状態（＝ウェルビーイング）にあること」だと定義されました。

ウェルビーイングがいかに重視されてきているかは、SDGs（国連が定める持続可能な開発目標）からも分かります。2015年、国連で採択されたSDGsの3番目の目標「すべての人に健康と福祉を」に、ウェルビーイング（ここでは「福祉」と訳されています）が盛り込まれています。

イギリスでは2010年から、国民のウェルビーイングを測定、数値化し始めました。そのデータを受けて、2018年には「孤独担当」の大臣ポストを設けています。ニュージーランドは、2019年に世界で初めて「幸福予算(ウェルビーイング・バジェット)」を取り入れ、国民の幸福度を高めることに国家の予算を使う仕組みを導入しました。日本も2021年、孤独・孤立対策担当大臣を設置したほか、関係府省庁が連携しての「ウェルビーイングに関する取り組みを推進するための連絡会議」をスタートさせています。

今や世界中が、ウェルビーイングを重要課題と考えています。特に日本とイギリスがほぼ同時に「孤独と孤立」にフォーカスしたことの意味は、計り知れません。なぜなら孤独と孤立は、人を幸福感から遠ざける原因の中でもとりわけ重いものだからです。

ポーラの企業理念である「美と健康を願う人々および社会の永続的幸福の実現」について、民間企業が自分の会社の社員だけでなく、社会や地域の幸せのためにエネルギーを費やすことに、疑問を感じる方もいるかもしれません。国や自治体ならともかく、そんなことを掲げられるのは、余裕のある一部の巨大企業でしょう、と。

もちろん、本業とはまったく関係のないことで社会のウェルビーイングを目指すのでは、ただの慈善事業になってしまいます。その取り組みが、長期的に企業と社会の両方に「利益」をもたらす取り組みかどうかを見極めることは必要です。

会社の事業を通じてウェルビーイングを達成することの重要性に気づき始めた会社は、今までは「自社の周りと近い将来」にとどめていた視野を、「社会と地球、何世代も後の未来」にまで広げているということです。本当の意味で持続的なビジネスとは、そうした利益によってこそ成り立つのではないでしょうか。従業員と社会を大切にする「ウェルビーイング経営」は、遠回りに見えてむしろ近道。だからこそ名だたる経営者が幸福に着目しているのだと思います。

ウェルビーイングが映す価値観の変化

私、前野マドカと共にポーラ幸せ研究所のアドバイザーを務める前野隆司は、もともと工学系出身で脳科学やロボットの専門家。幸福学に取り組み始めたのは、15年ほど前のことです。人の役に立ちたいと技術の開発に長年取り組みながら、「本当に人の役に立つこととは何だろう」という疑問がわいてきたそうです。「幸せのメカニズムを明らかにし、幸せになるための実践的な知恵を見出すことこそ、目指すべきことだ」というミッションを見つけたのが出発点でした。

当初は、受け入れられるかな、怪しまれないかなという不安があったと言います。研究は結果が出るのにも時間がかかりますし、そもそも当時は「幸せが学問の対象になるのか」と言われかねませんでした。今思い出してもよく信じて続けて来られたなと思います。ただ、10年前から前野隆司の幸福学の研究に加わった私は、研究で明らかになったノウハウを様々な場で実践し、組織の関係性が良い方に変わっていく手ごたえをしっかりと実感していました。

今やウェルビーイングは、怪しまれるどころか時代の流行語です。幸福学の対象は、家や街づくり、教育分野などにも広がり、幸せのメカニズムを解き明かす数多くの研究成果を生み出しています。

そもそも今、幸せが注目される理由には、社会の価値観の変化があると思います。その変化を一言で言い表すなら「モノからココロへ」でしょう。長らく物質的な豊かさに傾いていた私たちの関心が、精神的な豊かさを求める方向に向かい始めています。

地球環境の悪化が進んでいることへの危機感、経済成長が止まったら立ちゆかない資本主義という仕組みの不具合に世界が気づき、経済的な幸せだけでなく、個人と社会と地球にとってより良い状態が何かを考える人が増えています。

特に日本は、経済的に豊かでありながら、多くの人が不安を抱えています。国連の「世界幸福度報告書」のランキングでは、137カ国中47位(2023年版)。

主要7カ国（G7）では最も幸福度が低いという結果が出ています。経済的・物質的に恵まれた安全な国に暮らしながら、なぜ幸せを感じられないのでしょうか。

課題の一つが、一日の中で最も長い時間を過ごす職場にあると私たちは考えています。

大前提は会社が儲けること、幸せはその結果？

短期的な利益より、社員や社会の幸せを目標に設定する企業が増えている。「そうは言われても現実には……」と、首を傾げる方もいらっしゃると思います。「会社が目指すべきはまず利益を上げることでしょう。それによって給料が上がり、従業員は幸せになる。お金がないと幸せになれません」。そうした意見は今も、あちこちで聞きます。

しかし、不幸せな人がイヤイヤ働いた場合と、幸せな人がイキイキ働いた場合とを比べて、パフォーマンスがより高いのはどちらでしょうか？

残念ながら、日本のビジネスパーソンには、会社で働くことを苦行のようにネガティブに捉えている人、仕事を楽しむどころかただ義務的に「働かされている」と感じている人がまだ多いのが現実です。それもこれも、「まず利益優先」「利益があってこその幸せ」という経営者やリーダーの思い込みのせいではないでしょうか。

働くことに喜びを感じられず、たえずストレスにさらされて、ときにはプライベートな時間も犠牲にせざるをえない。そんな状態で、その人本来の力を発揮できるものでしょうか。無理やりお尻を叩けば一時的には成果が上がるかもしれませんが、そんな無理が続けば遅かれ早かれ、身も心もまいってしまいます。

組織を運営する上で最も大切なことは、まず働く人々の幸せを追求すること。会社や仕事を通じて、一人一人が本当の意味で幸せになれば、その顧客や取引先、家族や友人・知人など彼らの周りも幸せになる。幸福学の研究で「幸せは伝染する」ことが明らかになっています。

ＩＴが幸福学の進化を後押し。幸せの科学的分析が可能に

もちろん、幸せの前提として、一定の利益＝お金やモノは欠かせません。利益が幸せの理由になるということは、確かにあります。一方で、幸せが利益を生み出すことも幸福学の研究によって分かっています。

人間にとって幸せは、これ以上ないくらい大切なことです。古代ギリシアのアリストテレス以来、今日まで、幸せについて語った哲学者はたくさんいます。彼らが残した言葉は、もちろん人類の宝物ですが、「知の巨人」がどこまでも考えを深めた末の産物だけに、誰もが役立てられる実用的なノウハウとは言いがたいところがありました。20世紀初頭のフロイトやユングによる心理学も、考えに考えた末に答えを導き出す一種の哲学でした。直接に人を幸せにするものではありませんでした。

一方、幸福学という学問は、客観的かつ統計的な観点から、幸せを科学として捉えるものです。それが可能になった大きな要因が、情報技術の進歩。1980年代になってコンピュータを活用した統計学的な分析により、幸せの研究はサイエンスとなりました。すでに膨大に蓄積している研究成果は、幸せの効用も幸せになるための技術も、科学的な裏付けとともに指し示しつつあるのです。

幸福度の高い従業員ほど、成果も上司の評価も高い

そうした研究によって、働く人の幸せが会社に何をもたらすのかも分かってきています。主にアメリカでの複数の研究が明らかにした「幸福度の高い人に見られる傾向」を紹介します。

- 創造性テストの得点が高い
- 上司からの評価が高い
- 信頼できる友人や同僚の数が多い

●他の従業員を助け、組織を守り、生産的な提案をし、自分の能力を向上させる
●離職率が低く、会社への報復的行動をしにくく、仕事で燃え尽きにくい
●欠勤しにくい
●時間や努力のコストを度外視せず、最適で満足度の高い意思決定をする

どれも幸福度の低い人との比較から導き出した傾向です。幸福度の高い人の方が会社にとって有益な人材であることは明白です。

信頼できる友人が多いことは、会社の中でも外でも、仕事の成果につながる人間関係を上手につくれるスキルの高さの表れですし、創造性の高さは、そのままイノベーションを起こす潜在的な能力の高さです。どちらも会社の利益に直結します。さらに、欠勤が少なく離職率が低く、同僚を助け、組織を守り、会社への報復もしない……。会社にしてみれば、喉から手が出るくらいの理想的な人物像ではありませんか。

つまり、幸福の広がりは少なからずの「実利」を呼び寄せるということです。や

たらと北風を吹かせて一時的に成果を高めたとしても、幸福度を下げてしまっては逆効果。たとえ目先の利益に目をつむっても、暖かな日差しを届けてあげた方が、長期的にはうまくいくと考えられるのです。

幸福度は売上と相関が高い

国内でも、働く人の幸せをターゲットとした研究が行われています。

パーソルグループのシンクタンク、パーソル総合研究所と慶應義塾大学 前野隆司研究室が2020年に発表した調査、「はたらく人の幸せに関する調査」を紹介しましょう。20代から60代男女の就業者を対象に大規模なアン

● 働く人の幸せ・不幸せの実態。
働くことを幸せと感じている人が不幸せと感じている人の2倍強

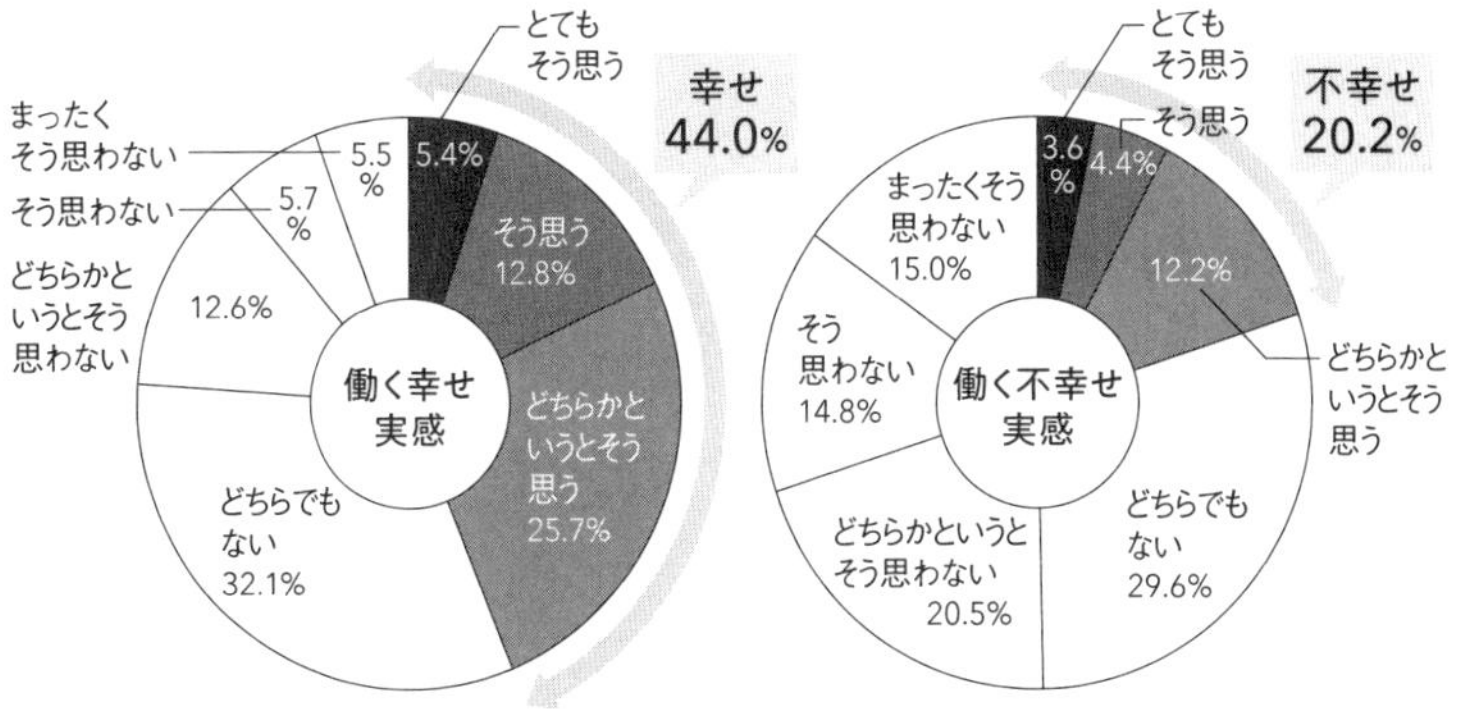

出所：パーソル総合研究所×慶應義塾大学 前野隆司研究室「はたらく人の幸せに関する調査」（2020年7月）

〈 働く人の幸せ・不幸せ実感とパフォーマンス 〉

図表1 雇用形態別の働く幸せ・不幸せ実感。正社員の幸福度が低い

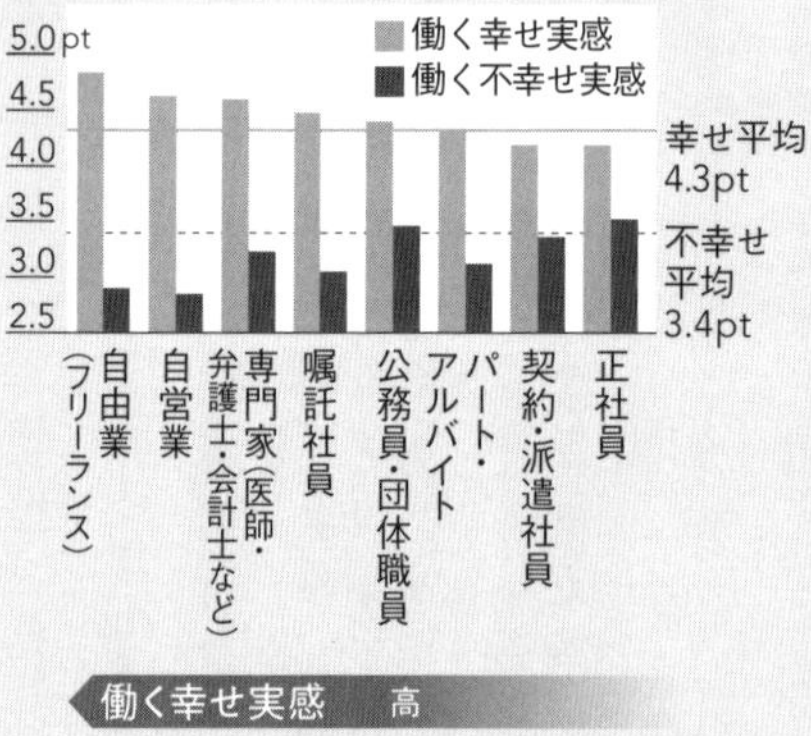

※縦軸の数値は「働く幸せ実感」「働く不幸せ実感」の各5設問の平均得点

図表2 働く幸せを感じるほど個人・組織のパフォーマンスが高くなる

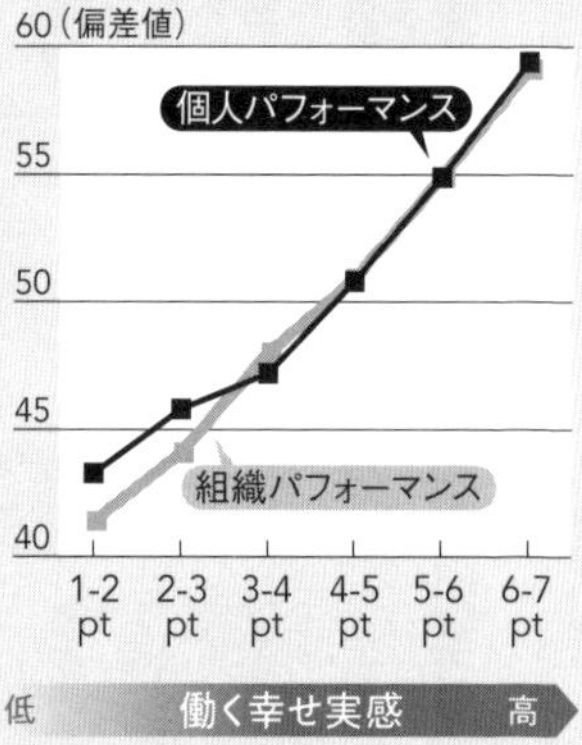

※縦軸の数値は、調査対象の平均を50とした、パフォーマンスの偏差値

図表3 働く幸せ実感と売上増加率。幸福度が高いほど売上高が増加

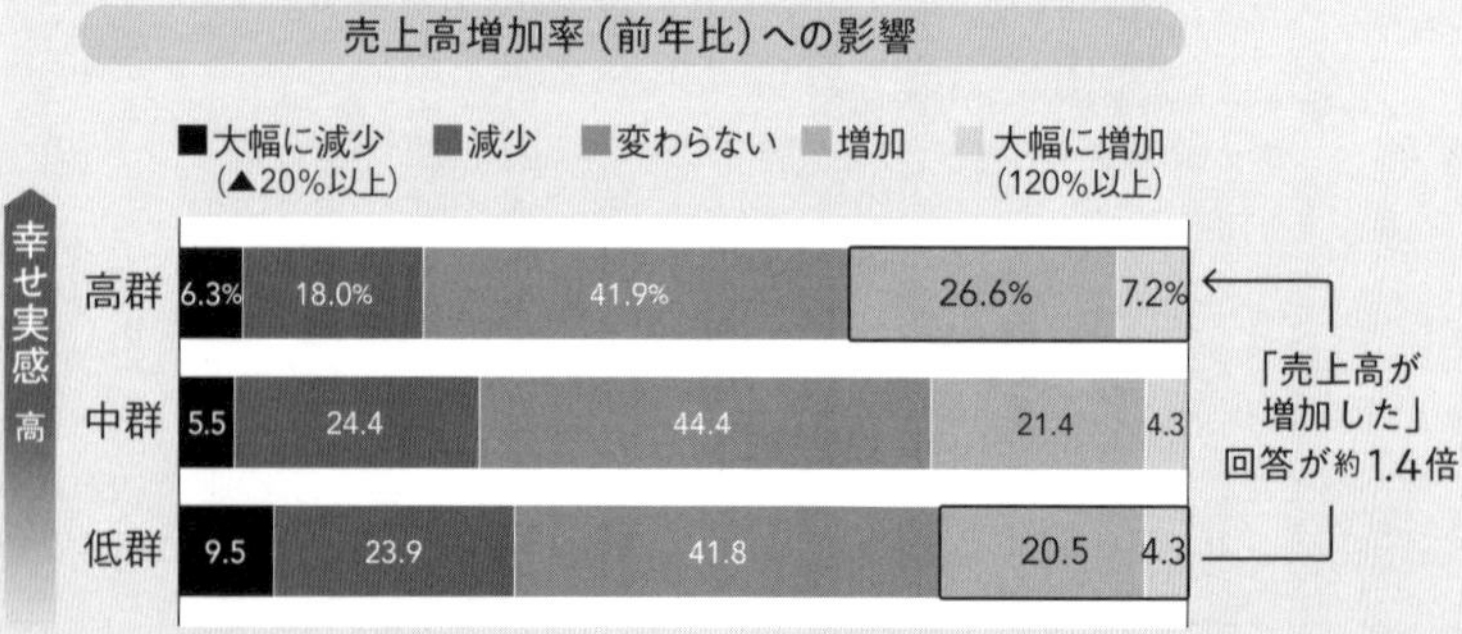

出所：パーソル総合研究所×慶應義塾大学 前野隆司研究室「はたらく人の幸せに関する調査」（2020年7月）

ケートを行い、働く人の幸福度と仕事上の成果の相関関係を調べたものです。

まずは、働く人のどれほどが、働くことで幸せと、不幸せを感じているかを見てみましょう。29ページの図表の通り、「幸せと感じている人」が44％で、「不幸せと感じている人」の20・2％の2倍以上という結果でした。

雇用形態別に見た結果が右ページの図表1です。自由業（フリーランス）の幸福度が最も高く、次いで自営業、専門家（医師・弁護士・会計士など）と続き、正社員は最下位でした。複数の国際比較調査で「日本は熱意（エンゲージメント）をもって働く会社員が少ない」という残念な結果が出ていますが、この調査でもその傾向が見て取れます。

働く幸せ実感とパフォーマンスの関係については、図表2の通り、働く幸せ実感が高まるほど、個人としても組織としてもパフォーマンスが高まるのが分かります。きれいな相関関係に驚きませんか。

何より説得力があるのは、売上高でしょう。30ページの図表3は、調査対象と

〈 働く人の幸せ／不幸せを決める7因子 〉

働く人の幸せの7因子

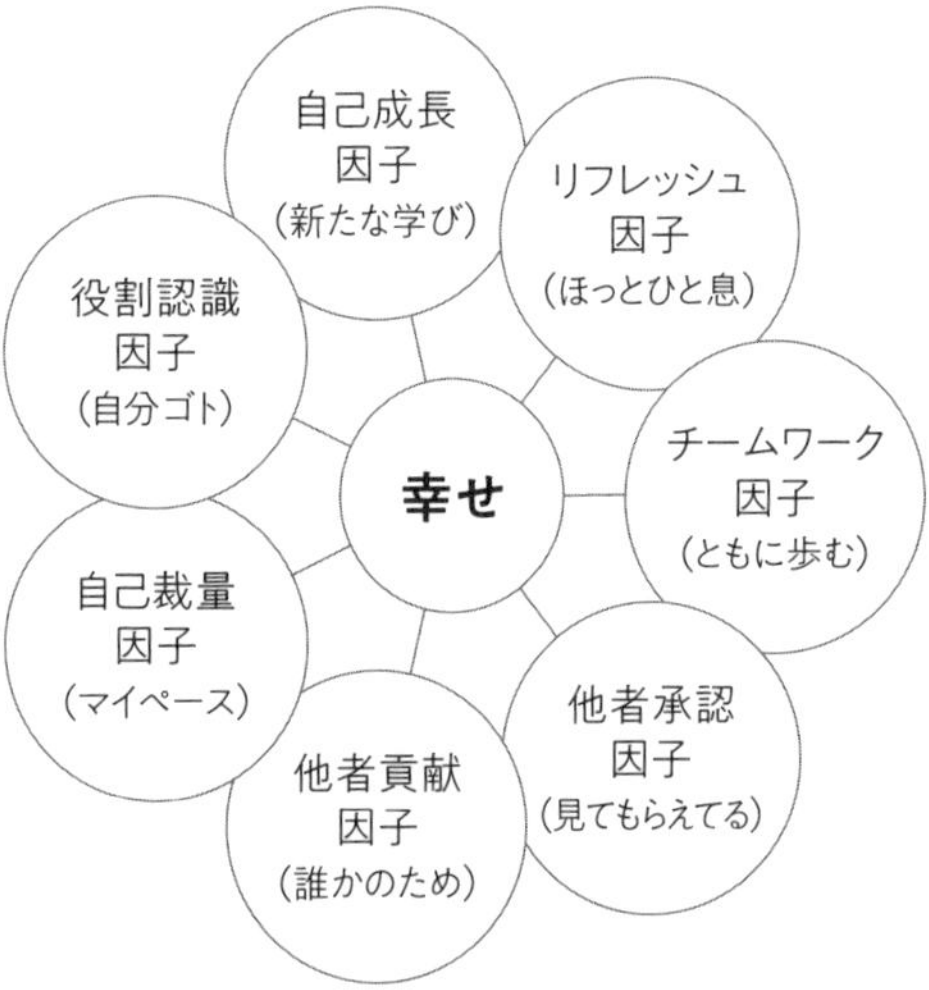

働く人の不幸せの7因子

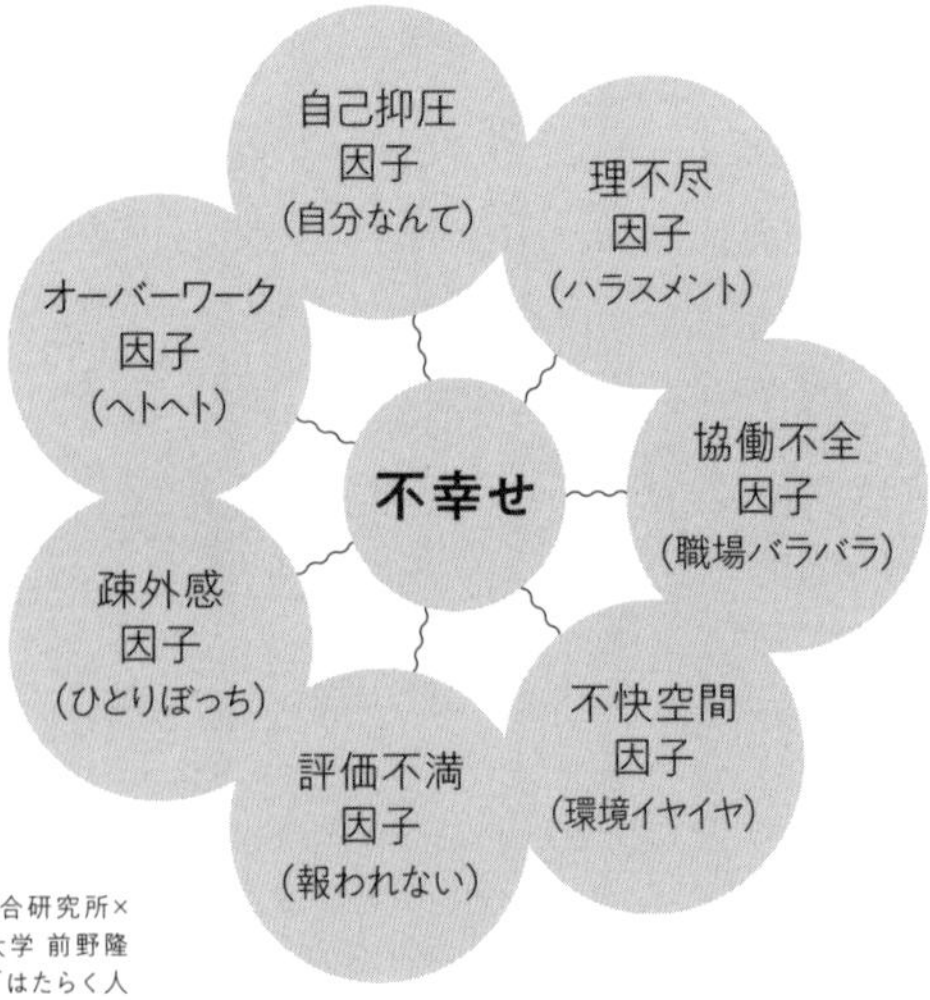

出所：パーソル総合研究所×慶應義塾大学 前野隆司研究室「はたらく人の幸せに関する調査」（2020年7月）

した会社を、幸せ実感の高さで3グループ(幸せ実感が高い・中ぐらい・低い)に分け、前年比の売上高増加率との相関関係を見たものです。前年に比べ、最も売上高が増えたのは、「幸せ実感が高い」会社でした。幸せ実感が低い会社と比べると、売上高が増加したという回答が約1・4倍という結果が出ています。売上高が前年比120%以上と大幅にアップした会社の割合も、幸せ実感が高い会社では全体の7・2%となっています。売上高が増えれば、当然利益も増えるはず。幸せが利益を呼ぶことを雄弁に物語る証拠と言えるでしょう。

働く人の幸せと不幸せを決める「7因子」

この研究は、幸福度の高さはパフォーマンスだけでなくメンタルヘルスも改善すること、部署やチーム内に波及する(つまり幸せな人がいると、他の人にも幸せが伝わる)ことなども実証しています。

働く人の幸せと不幸せの7因子(右ページの図表)を見てください。新たな学びで成長しながら、適切にリフレッシュし、職場の仲間と励まし合い助け合いながら認め合って仕事をすることが、幸せに働く7因子であり、結果として仕事のパフォーマンスも上がると考えられます。

一方、働く人の不幸せの7因子は「理不尽」な扱いを受けることや働く場所が「不快空間」であることなどです。気づいてほしいのは、幸せをもたらす7因子と不幸せをもたらす7因子が、必ずしも同じ要素の裏表ではないことです。

私たちはつい、「幸せの反対は不幸せ」と思いがちですが、幸せな職場をつくるには、幸せの条件を満たし、かつ不幸せの条件を満たさないことにも目配りする必要があるのです。

第 2 章

あなたは今、幸せですか?

EVOL株式会社 代表取締役CEO
前野マドカ

第1章でお伝えした通り、「幸福学」は、幸せな人はどういう条件を満たしているか＝どうすれば幸せになれるかを統計的に明らかにする学問です。ここで言う「幸せ」とは、まさに心の「ウェルビーイング」にほかなりません。

幸せなんて人それぞれ。そう考える人も少なくないと思います。幸せ研究においても、人によって思い描く幸せの形は違って当然と考えます。ただしそこへ至るプロセスは共通し、幸せになるための基本メカニズムが存在するというのが研究の大前提になっています。

今、幸せ？を測る5つの質問

まずは、今のあなたの幸福度を測ってみましょう。幸福学の研究現場では、その人がどれくらい幸せかを測るために、もっぱらアンケートを使います。左ページの「人生満足度を測る5つの質問」は、中でも代表的なものです。ぜひトライしてみてください。

〈 人生満足度を測る5つの質問 〉

以下の質問に答えてください。回答は、下表の7つから選び、質問の空欄に該当する数字を入れてください。

1 ほとんどの面で、私の人生は理想に近い　□

2 私の人生は、とても素晴らしい状態だ　□

3 私は自分の人生に満足している　□

4 私はこれまで、自分の人生に求める大切なものを得てきた　□

5 もう一度人生をやり直せるとしても、ほとんど何も変えないだろう　□

【 回答の選択肢 】

1	まったくあてはまらない	1点
2	ほとんどあてはまらない	2点
3	あまりあてはまらない	3点
4	どちらともいえない	4点
5	少しあてはまる	5点
6	大体あてはまる	6点
7	非常によくあてはまる	7点

として、5問の合計点を出す

合計

点

※アメリカの心理学者、エド・ディーナー教授が開発した「人生満足尺度」をもとに作成

さて、結果はいかがでしたか。ちなみに日本人1500人を対象にこのアンケートを行った結果、平均スコアは18・9点でした（2012年）。ただし、次に説明する通り、平均を下回る結果が出たからと、ガッカリする必要はありません。

この数十年間に行われた研究は、幸せをめぐる新事実を数多く明らかにしました。その起点にあるのが、幸福度を測る方法の確立です。身長を伸ばす方法を議論するには、身長を測れないと話になりませんよね。それと同様に、「その人が実感している幸せのレベル」をできるだけ客観的に測ることは、幸せ研究の大前提なのです。

しかし、幸せのレベルは本人にしか分からない、主観的判断のカタマリのようなものです。これをなるべく客観的に測ろうというのですから、超難題もいいところ。多くの研究者が今も頭を悩ませていますが、今のところ最も手軽でポピュラーなのが、お試しいただいた「人生満足度を測る5つの質問」なのです。「幸福学」の父と呼ばれるアメリカの心理学者、エド・ディーナー教授が開発しました。

難題に応えるツールの割に、ずいぶん単純な作りだと思いましたか。これで幸福度を的確に測れるのだろうかという疑問を持たれたかもしれません。実際、このアンケート単体のスコアは、あくまで回答者の主観的判断の結果です。強気な人、控えめな人など、性格によっても選ぶ答えは変わってきます。

定期的な「幸福度診断」を習慣にしよう

おすすめしたいのは、自分の幸福度の変化を測ること。同じ人が定期的にこのアンケートに答えることで、自分の今の幸福度のレベルが分かるのはとても有効です。

なぜなら幸福度は、日常のちょっとした行動で簡単に上がったり、誰かの心無い言葉で簡単に下がったりしてしまうからです。特に日本人は欧米人に比べて不安感が強く、心配性の傾向があります。これは「幸せホルモン」と呼ばれるセロトニンを運ぶ船のようなものの活動が遺伝子レベルで小さいためで、ほうっておくと思考がネガティブな方にいってしまいがちなのです。

だからこそ、健康診断と同じように定期的に今の自分の幸福度を測り、「今、自分は幸せか」を意識することをおすすめします。幸福度が下がっているなと思ったら、自分で自分を幸せな気持ちにする行動を取る、上がっているときは周囲の人とのこんな関係性がプラスに働いているんだなと考えてその行動を継続するなど、日々の行動と幸福度との関係を意識する習慣を身につけることで、幸福度が上がります。

定期的に自分の幸福度を測れるツールとしておすすめなのが、ネット上で公開されている「幸福度診断 Well－Being Circle」です。株式会社はぴテックの太田雄介さんと前野隆司が共同開発したもので、72の問いに答えると、幸福度の現状を示すレーダーチャートが表示されます。幸せの条件のうち満たされている部分、足りない部分などが可視化され、自分の幸福度の特徴を知ることができます。履歴を残せるので、幸福度の変化を定期的にチェックするのにぴったりです。

お金、モノ、地位による幸せは束の間

「幸せに働き、成果を出す」という大きなテーマを念頭に、そもそも幸せとは何かをもう少し説明させてください。

これまでの幸福研究で、人は他人との比較で幸せを感じる傾向があることが分かっています。さらに、幸せには「長続きしない幸せ」と、「長続きする幸せ」の2種類があることが分かっています。

「長続きしない幸せ」とは、例えば、おいしいものを食べたときの「うれしい・楽しい」という気持ちなどです。一般的にハピネスと呼ばれるこうした幸せは、経済学で言う「地位財」によってもたらされます。

「地位」とは自分が他人と比べてどのようなポジションにいるかという意味の地位で、地位財とはお金、モノ、社会的地位などを指します。こうしたものは、何

をどれだけ持っているかを数字のようなはっきりした基準で示すことができ、人との比較が簡単にできます。そのため、周りの人よりも多く、より価値あるものを手に入れることに満足を感じますが、その気持ちよさは思いのほか短期間しか続かないのです。

例えば、会社の同期の中で一番に肩書がついたり、高価なブランドものを買ったりしたとき、どんな気持ちになるかを想像してみてください。刺激の強い、分かりやすい喜びを感じますが、しばらくすると当たり前になってしまいませんか。「次」を手に入れて、新しい喜びを感じたくなります。人もうらやむ大富豪が、さらに資産を殖やそうとするのも同じこと。お金や肩書といった

●「長続きしない幸せ」と「長続きする幸せ」の違い

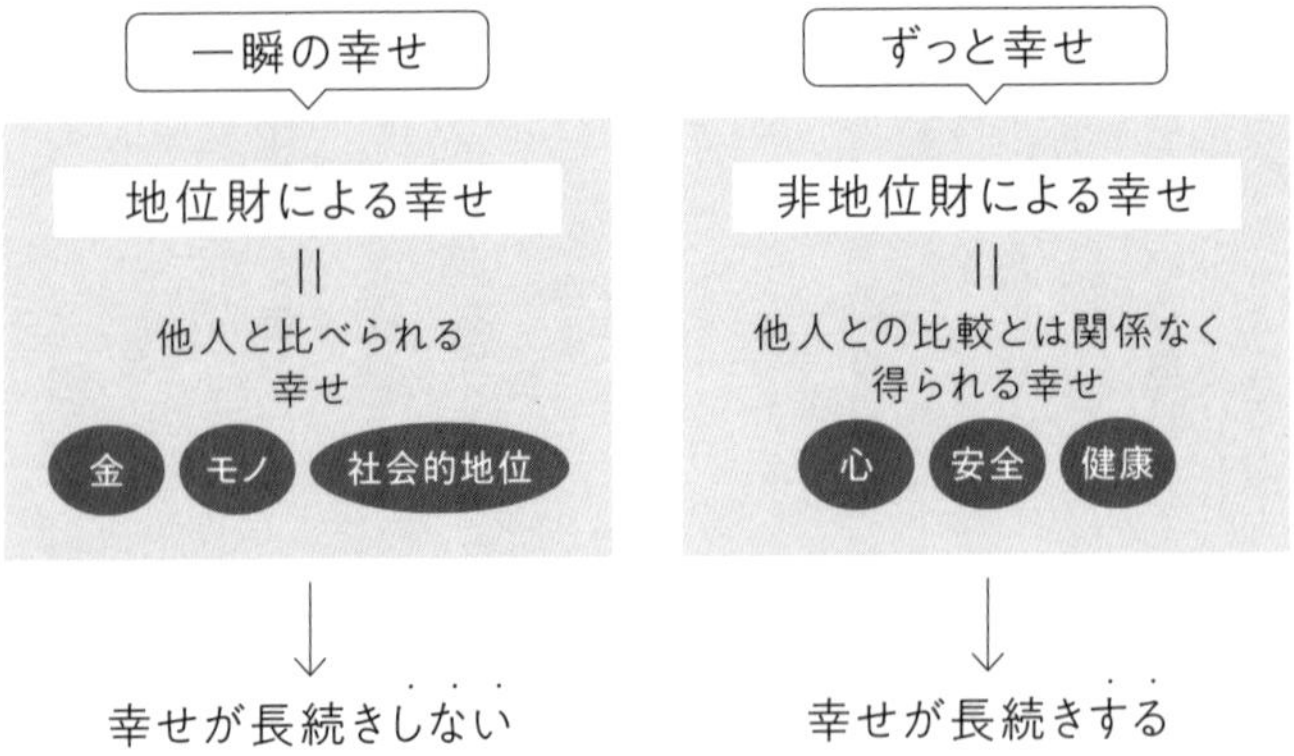

「地位財」がもたらす幸せは長続きしないからこそ、「もっと、もっと」が止まらないのです。

何度でも、いつまでも味わえる「非地位財」による幸せ

一方、「長続きする幸せ」は愛情、社会とのつながり、生きがい、働きがいなどによってもたらされます。例えば仕事の場でお客さまから思いがけず「ありがとう」と言われたときに感じるうれしさ。誰かの役に立ったという充実感。これらは形がなく、数値化しにくいため「非地位財」と呼ばれます。自己肯定感の高さ、将来的に実現したい夢があることなど、ここに含まれる要素は様々ですが、この非地位財がもたらす幸せは、ひとたび感じられたら状況が変わらない限り長く続くのが特徴です。これがウェルビーイングな状態です。

他人との比較で得られるものではないという意味で、非地位財による幸せは「絶対的幸福」と言えるかもしれません。お金やモノによる幸福感よりも広く深

く、確かな幸せです。第1章で、人類の価値観が「モノからココロへ」シフトしているとお伝えしましたが、「地位財から非地位財へ」と言い換えてもいいでしょう。私たちが目指すべきは、このタイプの持続的な幸せだと思います。

関連するおもしろい研究に、「年収と幸福度の関係」を調べたものがあります。両者は比例関係にあると考えるのが今までの常識でしょう。しかし結果は、これを一部否定するものでした。幸福度は確かに年収に比例するのですが、それは「ある水準に達するまで」のこと。具体的には年収が7万5000ドル（1ドル＝135円の場合、約1000万円）を超えるとほぼ頭打ちとなり、以後は収入が増えても幸福度にほとんど影響しなくなることが分かったのです。

お金には確かに幸せを増幅する力がありますが、限界があるということ。「地位財」で得られる幸せが一時的で、はかないことを実証しています。この研究は同時に、仕事によって手に入る「利益」を、お金だけに限定して考えることの誤りを教えてくれます。収入を増やしたいとは誰もが思うことですが、そのために多くのことを犠牲にしていないでしょうか。その中に、持続的な幸せにつながる非地位財(仲間や友だち、家族と過ごす充実した時間など)があるのだとしたら、あまりにももったいない!

働く喜びややりがい、生活全体の充足感を意識して仕事と向き合うことが長く続く幸せをもたらしてくれるのです。逆に経営者やリーダーは、お金や肩書だけでは一緒に働く人たちを幸せにすることは難しいということを心に刻んでほしいと思います。

幸せも不幸も「伝染」する

第1章で、働く人の幸福度とパフォーマンスの関係をめぐる研究成果を紹介しました。この種の研究は、他にもたくさん行われています。中でも注目したいのは、働く人の幸福度をアップするには、職場の満足度(ES=従業員満足度)を高めるだけでは不十分との発見です。

今、多くの会社が、労働環境や福利厚生を見直すなどしてESの改善に力を注いでいます。それが結果的に顧客満足度(CS)の向上と、それによる業績アップをもたらすと期待されるからです。しかしこの努力は必ずしも狙い通りの結果をもたらしていません。なぜでしょうか。ESの改善によって高まるのはあくまで「仕事と職場の満足度」であって、従業員の生活全体からするとごく一部分にとどまるからです。

一方、仕事のパフォーマンスと連動する傾向のあることが分かっている「幸福度」は、プライベートな人間関係や過ごし方を含む、毎日の生活の満足度を映します。働く人が実力を発揮する(それにより会社の業績を高める)には、職場を含めた生活全体の充足が必要というわけです。

すなわち、働く人の幸せを実現するには、仕事を終えてからのオフの時間はもちろん、それを一緒に過ごす家族、さらには社会の幸せも視野に入れる必要があるのです。「従業員として」ではなく、「人として」幸福であってこそというわけです。「社会の永続的幸福」を目指すポーラの企業理念と見事に重なります。

さらに注目したいのは、「幸せも不幸せも伝染する」という研究結果です。イェール大学のクリスタキス教授が、人と人のつながりを様々な角度から捉えて、長期間にわたる追跡調査を行いました。すると、喫煙や肥満といった生活習慣に関わる要素のほか、幸福も不幸も人から人へうつっていくことが分かったのです。すでにお伝えしたように私はEVOLという会社で、企業など組織のウェルビーイングを高める研修やコンサルティングをしています。「幸福の伝染」が起ることはその過程でよく目の当たりにしてきました。

私たちはみんな感情を持つ人間同士。同じ仕事であっても誰と一緒に働くかによって幸福度は大きく変わります。チームのメンバーがお互いの良さを知り、共感しあっていれば、このチームでもっと成果を出し、喜びを分かち合いたいと自然に思います。実際、チームが幸せな状態にあると、生産性は3割上がり、創造力が3倍になるという研究結果が出ています。

その際、リーダーが果たす役割は重要です。同じ仕事、同じメンバーであっても、上司が変わったら部署の雰囲気ががらりと明るくなり、みんなの意欲が上がったという経験をされた方もいるのではないでしょうか。

研究で分かった幸福度を高める「4つの因子」

さて、ここからは一番の関心事、「どうすれば幸福度を高められるか？」に迫ります。前野隆司の研究グループは統計分析で、「幸せの4つの因子」を満たすことで、人生の幸せが得られることを明らかにしました。4つの因子とは、「やってみよう」因子、「ありがとう」因子、「なんとかなる」因子、「ありのままに」因子です。

すでに紹介した通り、持続する幸福であるウェルビーイングは非地位財によってもたらされます。しかし、どれも数値化できない「財」だけに、どうすれば幸福度を高められるのかが判然としません。そこで因子分析という手法を使い、統計的分析で幸せの構成要素を整理し、4つの因子を導き出しました。

〈 幸せの4つの因子 〉

「やってみよう」因子

自己実現と
成長の因子

▶ やりがいや強みを持ち、主体性の高い人は幸せ

「ありがとう」因子

人・社会への
感謝を示す因子

▶ つながりや感謝、利他性や思いやりを持つ人は幸せ

「なんとかなる」因子

前向きと
楽観性の因子

▶自己を肯定し、何事も「なんとかなる」と思えるポジティブな人は幸せ

「ありのままに」因子

独立と
自分らしさの因子

▶ 自分を他者と比べすぎず、自分らしさを持っている人は幸せ

４つの因子は、幸せを構成する根本的な要素。色に例えるなら青緑、赤紫、黄の３原色のようなものです。バランスよく身につけることで、長期的に持続する幸福感を高めることができます。各因子の意味するところ、それぞれの高さを測る質問、どうすればそれぞれをパワーアップできるかを紹介していきましょう。

第１因子「やってみよう」因子

自己実現と成長の因子。自分の強みを理解し、それを社会で活かしているか、よりよい自分になるように努力しているかなどの質問と強い相関があります。自己実現や成長のために頑張れる人は幸せということです。

「やってみよう」因子の高さを知る質問

「とてもあてはまる」５点、「まあ、あてはまる」４点、「どちらともいえない」３点、「あま

り、あてはまらない」2点、「まったくあてはまらない」1点として合計点を出す

(1)私は有能である

(2)私は社会・組織の要請に応えている

(3)私のこれまでの人生は、変化、学習、成長に満ちていた

(4)今の自分は「本当になりたかった自分」である

「やってみよう」因子を強化するには?

・将来の夢や目標を考えてみる。すぐに思い浮かばない場合は、誰かと夢について語り合うことから始めてみる。

・仕事や日常生活の中で、ワクワクすること、ときめくことを探す。普段は見過ごしていることに案外、ワクワクの種が隠れているもの。それに気づくことができれば、義務感だけでやっていた仕事が楽しくなったり、退屈に思えていた生活習慣に主体的に取り組めるようになったりする。

・視野を広げる。例えば、今の仕事は最終的に誰にどんな影響を及ぼすのだろ

う、と考えてみる。

第2因子「ありがとう」因子

人や社会とのつながりと、その絆への感謝を示す因子。自分が誰かを喜ばせる、逆に愛情を受けるなど、他者との心の通い合いに関する質問と強い相関があります。人との豊かな関係は、幸せの根本要因です。

「ありがとう」因子の高さを知る質問

「とてもあてはまる」5点、「まあ、あてはまる」4点、「どちらともいえない」3点、「あまり、あてはまらない」2点、「まったくあてはまらない」1点として合計点を出す

(1)人の喜ぶ顔が見たい
(2)私を大切に思ってくれる人たちがいる
(3)私は、人生において感謝することがたくさんある
(4)私は日々の生活で他者に親切にし、手助けをしたいと思っている

「ありがとう」因子を強化するには？

・積極的に人と対話する。その際、相手への感謝と思いやりの気持ちを持つ。
・職場の人と、仕事とは関係のない話をすると、相手との距離が縮まる。
・人と話をするときは途中でさえぎらず、しっかり聴く。
・話し相手は多種多様な方が、幸福度が高まることが分かっている。ネットワークを広げる。

第3因子「なんとかなる」因子

前向きで楽観的であることを示す因子。自己を肯定し、自己を受容することは幸せでいるためになくてはならないこと。何事も「なんとかなる」と思えるようになると、幸せがぐんと身近になります。

「なんとかなる」因子の高さを知る質問

「とてもあてはまる」5点、「まあ、あてはまる」4点、「どちらともいえない」3点、「あまり、あてはまらない」2点、「まったくあてはまらない」1点として合計点を出す

(1)私は物事が思い通りにいくと思う
(2)私は学校や仕事での失敗や不安な感情をあまり引きずらない
(3)私は他者との近しい関係を維持することができる
(4)私は人生で多くのことを達成してきた

「なんとかなる」因子を強化するには？

・幸せなフリをするだけで幸福感が高まることは、多くの研究データが示している。「主人」の態度を感知した脳が「幸せそうに振る舞っている＝いい気分なのだろう」と勘違いして、幸せを感じるホルモンを分泌する。
・気分が低調なときも、幸せであるかのように振る舞う。口角を上げて笑顔をつくる、上を向いて大股で歩く、思い切り胸を張る。

・「いや」「無理」「ダメ」のような否定的な言葉を使わず、意識的にポジティブな言葉を選ぶ。

・自分を卑下することも誰かの悪口も封印する。何事もいい面にフォーカスする癖がつくと、楽観的な思考回路が強化される。

第4因子「ありのままに」因子

独立と自分らしさの因子です。他人と自分を過度に比較せず、ありのままの自分を受け入れることができれば、お金や肩書のような「地位財」に感情が左右されることがなくなります。同調圧力が強いとされる日本のような環境では、より重要な意味を持ちます。

「ありのままに」因子の高さを知る質問

「とてもあてはまる」5点、「まあ、あてはまる」4点、「どちらともいえない」3点、「あま

り、あてはまらない」2点、「まったくあてはまらない」1点として合計点を出す

(1)私は自分と他者がすることをあまり比較しない
(2)私に何ができて何ができないかは外部の制約のせいではない
(3)自分自身についての信念はあまり変化しない
(4)仕事をする上で、運営・方針の判断を頻繁に切り替えすぎない

「ありのままに」因子を強化するには?

- 「自分は自分、他人は他人」という意識を持つ。
- 「自分らしさ」をじっくり考え、十分自覚する。
- 創造性を発揮する物事に挑戦したり、日々の仕事にちょっとした工夫を加えてみたりする。
- 「これが自分の強みだ」と思えることに磨きをかけていく

幸せへの扉を開くカギ。4つの因子はつながっている

「4つの因子」はいわば、誰もが使える「幸せのカギ」です。文字通り雲をつかむようだった幸せへの道筋が、心がけるべきポイントによって明確になっていきませんか。留意したいのは、それぞれの因子が密に結びついていることです。例えば、チャレンジしようという意欲や人とのつながりが強くなれば、何事も楽観しやすくなりますし、自信がついて少しのことではブレなくなるでしょう。

つまり、「やってみよう」因子と「ありがとう」因子を鍛えれば、「なんとかなる」因子、「ありのままに」因子も自然と強まるわけです。逆に、「なんとかなる」因子の強化は「やってみよう」因子を励ますことにつながります。

ただ、どの因子もやみくもに鍛えればいいわけではありません。4因子のどれかひとつが欠けたら幸福度は大いに下がります。どれか突出して強い因子があればいいということではありません。

例えば、「ありのままに」因子が強すぎ、「ありがとう」因子が弱い人は、自己中

心的でわがままな印象を与えがちです。その上「やってみよう」因子が人並みを超えて強かったりすると、周囲の人を振り回すことになります。

「ワンマン経営者」に、このタイプの人が少なくないようです。バリバリ働いて業績を上げ、評価されでもしたら、いよいよ勢いづいて突っ走る。「ありがとう」因子が強い人なら周囲の状態を気遣うはずですが、そこが弱いと社員は疲弊するばかりです。トップの姿から陰に陽に伝わる強制力のせいで、無理をしてでも頑張らざるをえませんし、ときにはプレッシャーに押しつぶされる人も出てきます。


つまり、一番大切なのは4因子のバランスです。一般的な傾向を念頭にアドバイスするなら、より重視したいのは「やってみよう」因子と「ありがとう」因子の2つですが、残りの2つを軽んじていいわけではありません。

自分の「幸せ状態」に照らして、強化すべき因子を把握することを心がけましょう。例えば、つい他人と自分を比べてしまうなら「ありのままに」因子、気が滅入る理由が寂しさにあるのなら「ありがとう」因子が足りない、と判断できます。
40ページで紹介した「幸福度診断 Well-Being Circle」では4因子の強弱がレーダーチャートで表示されます。参考にして下さい。

ポーラショップで見た、理想の幸せなチーム

4つの因子を意識して日々の行動を変えていくことによって、自分自身とチームの幸せをどう実現していくのか。参考になるのが、今まさに幸せな人、幸せな組織の実例です。身近にそんな「お手本」を見つけたら、積極的に距離を縮めてアドバイスを求めるといいと思います。幸せは人から人へと伝染しますから、接点をつくるだけでも効果を期待できます。

私がまさに「お手本」だと思ったのは、実はポーラの店舗「ポーラ ザ ビューティー 中目黒店」(東京・目黒区)です。

2年ほど前に、及川さんから「ポーラ幸せ研究所」への協力を打診されたとき、

ポーラのことを知るためにエステサービスを受けてみようと思い、たまたま選んだ店です。初回訪問時には自分の立場は明かしていませんでした。スキンケアにはどちらかというと無頓着で、エステの経験はさほどありませんが、幸福学の研究者である私にとってこの店舗での体験は大げさでなく衝撃的でした。まさに幸福学のセオリーを実践している職場であり、チームだったからです。

店舗のスタッフは店長であるオーナーとスタッフであるビューティーディレクターの合計11人。顧客にはそれぞれ担当のビューティーディレクターが1人ついて施術を行いますが、他のメンバーも自分の担当以外の顧客に目配りして、必要とあれば、素早くサポートしているのが分かりました。

「当たり前のことでは?」と思われるかもしれませんが、ポーラの店舗で働くビューティーディレクターたちはみんな個人事業主。収入の基本は自分が担当する顧客への販売金額に応じた手数料です。つまり、担当ではない顧客をケアしても収入にはつながりません。しかし、そんなことをまったく感じさせないチームプレーがありました。店長からの指示がなくても、それぞれが自主的に互いのサポートに動き、頻繁に「ありがとう」という言葉と笑顔が飛び交う。店舗の雰囲気は明るく穏やかで、施術を受けている顧客の幸福度も自然に高まります。

以来、この店舗に定期的に通うようになり、通うほどにそのチームマネジメントに興味がふくらみました。そこで私が幸福学研究者であることを明かし、オーナー（店長）の豊田良美さんと、私を担当してくれているマネージャー（副店長）の宮下典子さんに話を聞いてみました。

上から指示するのではなく、手本を見せて気づかせる

「やっぱり！」と思ったのは、店長の豊田さんが大切にしているのが「『ありがとう』が飛び交う職場」だったこと。お店の空気は、まさにこの言葉通りでした。「笑顔でチーム接客」「私たちは（ポーラの看板を背負った）『最終ランナー』のつもりでお客さまと向き合おう」といったモットーもメンバーに浸透し、サービス

に反映されていると感じました。

多くの場合、リーダーが方針を立ててもチーム全員がそれを「自分ごと」として実践するのは簡単なことではありません。秘訣はリーダーが率先してお手本を見せていることにあるようです。

「豊田さんは『こうしなさい』という指示をしません。自らの行動でみんなに気づかせてくれるんです」と、宮下さん。「『ありがとう』を一番多く口にするのは断然豊田さん。毎日、ことあるごとに『ありがとう』と言われたら、こちらも自然に見習いますよね」（宮下さん）。

メンバーを感化した豊田さんの言葉は、他にもたくさんあります。例えば「オールウェイズわくわく」というフレーズのステッカーを、彼女はマグカップやバッグに貼り付けています。店の中にワクワクすることを増やそうという、みんなへのメッセージ。ついつい目に入って、いつの間にか影響されてしまうのだそうです。

メンバーとの対話を徹底。ときにはハグして愛を伝える

豊田さんが何より意識しているのは、メンバーとの対話。店長という上の立場からではなく、友だちのように言葉をかけることを心がけています。

「全員で話し合うのはもちろんですが、表情を見て様子が変だと気づいたときには、一対一でじっくり話します。ハグすることもよくあります。いつも感謝していること、気にかけていること、『何があっても守るよ』ということを伝えます。私の方から弱音を吐いて、相談に乗ってもらったりもします」（豊田さん）

みんなが自然と豊田さんの言動を見習うのは、大切にされている実感があるからこそでしょう。つながりを深め、互いに相手に感謝する。これはまさに「ありがとう」因子の実践です。一方、上からの指示という形を極力避けるのは、「やらされている」感を防ぐため。こちらはやりがいと主体性に関わる「やってみよ

う」因子につながります。

私が特に重要だと思ったのは豊田さんがスタッフに伝える「何があっても守るよ」という言葉。心理的安全性（組織の中で安心して発言、行動できる状態）を高め、チャレンジする勇気を与えるパワーワードです。

スタッフは、指示される前に店長の姿を見習って動くことで、自分で気づいたという自負や、やりがい、成長を実感できます。すると仕事に前向きになれるし、楽しくもなる。まさに「幸せの４つの因子」が理想的なバランスで実践されているのです。

豊田さんが、お客さまやスタッフのことだけでなく、「自分をもっと知ること」「自分をいたわり整えること」を心がけているということも印象的でした。そのためにも、家で子どもと過ごすプライベートな時間を大事にしているそうです。これも幸福学の知見に合致します。人は一方的に、他人にエネルギーを向けるばかりでは疲弊してしまうもの。誰かに優しくしてもらわないとありのままの自分を保てず、自然に人に優しくできません。優しさと思いやりの交換が自然に起こるような関係が大切なのです。

豊田さんのチームからは、それが成立しているがゆえの好循環を見てとれます。「ありがとう」因子だけでは、仲良しなだけの組織になりかねませんが、「やってみよう」因子もしっかり働き、チームとしての成長を促す力になっています。

ポーラショップの運営は、基本的に店長の裁量に任されています。そのため、マネジメントの手法も質もお店によって少しずつ違います。つまり「ポーラ ザ ビューティー 中目黒店」は、優れた成功例だということです。

言い換えれば、日本全国のポーラショップの幸福度と成果を比較・分析すれば、幸せなチーム運営の原則が見えてくるでしょう。

第4章で紹介する、ポーラ幸せ研究所の分析で分かった「幸せなチームづくり7か条」は、そうやって導き出された成果です。チームマネジメントに携わるすべての人に役立つノウハウが詰まっています。

その前に、そもそもポーラがなぜそこまで幸せ研究にこだわるのか、気になりませんか。ここで、及川さんにバトンタッチします。ポーラと「幸せ」というキーワードをめぐるドラマは、幸せで成果が出るチームづくりを目指す皆さまに、貴重なヒントをもたらすでしょう。

第3章

危機のなかで見つけた「幸せなチーム」の力

株式会社ポーラ 代表取締役社長
ポーラ幸せ研究所 所長
及川美紀

固い意志を表すための「ベタなネーミング」

「ポーラ幸せ研究所」の活動がスタートしたのは、私（及川）が社長になって1年と数か月が過ぎた、2021年4月のことです。若手から超ベテランの社員、役員まで、年齢もバックグラウンドも様々なメンバーは、私を入れて総勢25人ほど。ほとんどが自主的に集まったメンバーで、「幸せとは何かを探求したい」「それによって自分と誰かをもっと幸せにしたい」という思いのもと、各自それぞれの部署で本業をしながら、幸せ研究に取り組んでいます。

もちろん、幸せ研究は簡単には答えの出ない大きなテーマですし、課題はたくさんありますが、むしろ「完成形」はなくていいという気持ちで試行錯誤を続けています。

メンバーは、それぞれにテーマを持つ5つのチームに分かれ、日々ディスカッションをしては、調査や研修を行い、その成果を定期的に発表します。大学のサークルのような和気あいあいとしたムードですが、そこは「研究所」。メンバーの視線はクールにゴールを見据えています。

ポーラの企業理念である「美と健康を願う人々および社会の永続的幸福の実現」。そのために必要な材料を集めること、土台をつくることが、研究所のミッションです。幸せにしたい対象はお客さまや従業員、ビジネスパートナー(ポーラと委託販売契約を結び、全国のポーラショップで働く個人事業主の皆さん)だけではありません。身近にいる家族はもちろん、やがては社会全体に幸せを広げてこそ、理念は実現します。

ちなみに「幸せ研究所」というネーミングに対しては、社員たちから「ウェルビーイングや違う言い方がかっこいいのでは」という意見もありましたが、企業理念に近しい言葉でいきたいと伝え、理解してもらえました。私たちの目指すものを表す上で、本質的な響きがあり、「美と健康を願う人々および社会の永続的幸福を実現する」という企業理念にストレートにつながる「幸せ」という言葉がふさわしいと思ったからです。

新型コロナウイルスで大きなダメージを受けた、ポーラの強み

ポーラが幸せ研究に乗り出した最大のきっかけは、2020年春からのコロナ禍が引き起こした未曽有の危機でした。

訪問販売からスタートしたポーラがこだわり続けるのが、ダイレクトセリング。一般的な化粧品の流通経路にある「卸売」が存在せず、ポーラと直接販売契約を結ぶポーラショップで、ビューティーディレクターがお客さまと対面し、製品を販売します。

「どういう肌になりたいか」「どんなお悩みがあるか」をお尋ねしたり、カメラを使って今の肌の状態を分析したり。化粧品を実際に手にとってお試しいただく時間は、気持ちが高まる大切な時間です。ローションをつけるときには、基本の使用方法だけでなく、肌のぬくもりを感じましょう、ゆっくりと香りを楽しみましょうといったアドバイスをしながら、じっくりお客さまと向き合います。

ポーラのはじまりは、創業者である鈴木忍が、妻の荒れた手を治したいという思いから独学でつくったハンドクリーム。「最上のものを一人一人にあったお手入れとともに直接お手渡ししたい」という創業者の心を今も継承しています。

ポーラショップで行うエステサービスにも共通することですが、お客さまとの対話や、肌を見て直接触れるプロセスの丁寧さは、私たちの強みであり、お客さまにご評価いただいていることでもあります。そこを狙い撃つかのように襲ってきたのが、新型コロナウイルスでした。

● 一般的な化粧品の販売ルート

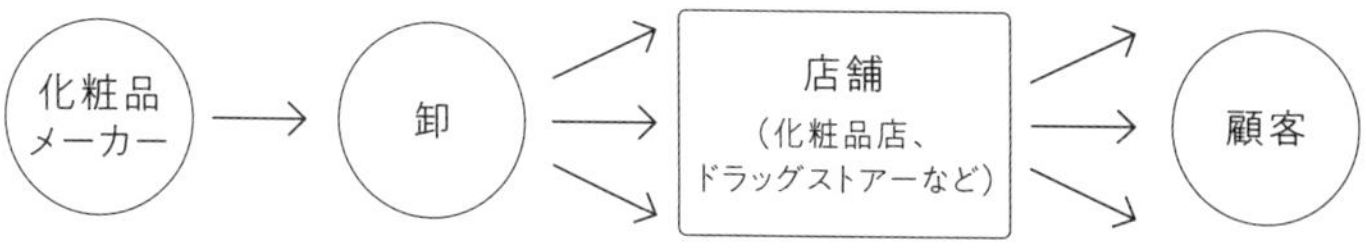

● ポーラの販売ルート※

※ポーラの売上全体の6割強を占める「トータルビューティ事業」の場合

2020年4月にはほぼ全国に緊急事態宣言が出され、自粛要請により店舗を開くことができず、お客さまの肌に触れることはおろか、直接お会いすることすらままならなくなりました。オンラインでのカウンセリングを始めるなどの工夫もしましたが、ポーラが特に大切にしている価値をお届けできなくなったわけですから、大げさでなく、会社の存続に関わるピンチです。特にポーラショップを運営するオーナー(店長)、マネージャー(副店長)と、彼女たちが束ねるビューティーディレクターたちは、固定給制ではないだけに、目の前の生活すら脅かされる事態に直面しました。

企業理念の「永続的幸福」を本気で追求しよう

就任からわずか数か月、新米社長としてまだ右往左往しているところにいきなり降りかかってきた「史上最大の危機」に、私は頭を抱えました。「ポーラはどうすれば生き残れるだろうか?」と。

次につなげるための手をいくつも打ちました。お客さまに直接お会いできない代わりにオンラインで顔を合わせたり、手紙やお電話をさしあげたりすることでつながりを切らさない。年齢の高いショップオーナーたちもWeb会議ツールなどITスキルの習得に励んでくれました。また、お客さまをショップにお迎えできないことで生まれた時間に、接客やエステの技術、製品知識を磨いてもらうオンライン勉強会を積極的に開きました。十分とはいえませんが、ショップに対しては経済的なサポートも行いました。できることは何でもやり、常に前を向くようにしていました。

それら目前の課題に追われ、対処しながらも、毎日のように販売の第一線からの悲鳴が聞こえてきていました。

たえず頭を離れなかったのは、「危機のその先」のことです。改めて、私たちがポーラで「働くこと、頑張ることの意味」とは何か、大荒れの海に翻弄されながら「北極星」を探す船乗りのような気持ちで、会社の存在意義までさかのぼって考えました。

たどり着いた答えは、私たちが作り出すべき価値を表現した企業理念を、今こそ心に刻む必要があるということです。「美と健康を願う人々および社会の永続的幸福の実現」を再確認した上で、達成に向けて本気で取り組もう。事業を成長させ、ブランド価値をしっかり高めながら、そもそも幸せとは何か？を研究しよう。そう考えて、たまたまお知り合いとのご縁があった幸福学の第一人者、前野隆司教授・マドカさんご夫妻にお声がけをしました。


この決断を後押ししたのが、ちょうど同じころ、顧客満足度調査から見つかった「豊かな時間」というキーワードです。

一般にスキンケアは、「面倒だけれどしなければならないこと」「日常のルーティン」と考えられる傾向が強いのに対し、ポーラのお客さまはスキンケアの時間を「リラックス・癒やし」「未来への投資」など、自分に向き合う、意義のある「豊かな時間」だと捉えている人が多いことが分かったのです。

「豊かな時間」は、「幸せな時間」と言い換えてもいいでしょう。丁寧な対面カウンセリングでお客さまの悩みに向き合い、同じ目線に立ってお客さまの肌を見守り、伴走することを目指してきた成果だと感じ、本当にうれしい結果でした。私たちが売っているのは化粧品というモノではなく、豊かな時間。ポーラが届けるべき価値として「幸福」を追求するのは正しい、との確信を深めました。

「会社」から「社会」に視野が広がった

もうひとつ、これもまた同じ時期に私たちが「2029年ビジョン」として策定した「私と社会の可能性を信じられる、つながりであふれる社会へ」という言葉にも背中を押されました。

「2029年ビジョン」は、ポーラが創立100周年となる2029年に向けて目指す姿を言葉にしたもの。社内各部署の部門長たちが頭をひねって考えてくれたフレーズで、ポイントは主語を自分たちの「会社」ではなく「社会」にしたこと。ポーラの視野が大きく広がったことを内外に宣言する、優しくも力強い言葉です。

不思議なくらい同じタイミングで、大切なキーワードに次々と出会いました。今考えるとポーラという会社が、「自分たちにとっての本質的な価値とは何か」「つくり出すべき幸せとはどういうことか」を考えるべきステージに到達していたのだと思います。ある意味でコロナ禍も一つのきっかけ、「時の勢い」に背中を押されるように「幸せ研究所」は生まれました。

会社が目指すのは利益だけ？という疑問

かつてポーラで働く社員たちは、いろいろな意味で内向きでした。訪問販売で長年の固定ファンのお客さまがいらっしゃる環境に慣れ、堅実だけれど、大きなチャレンジをしたり、外に向かって世界を広げようとしたりする意欲に乏しかったと思います。

そういう時期が続いたせいでしょう、市場調査でポーラに対して「無関心」な人が6割を超えるという結果が出て、ショックを受けたこともありました。マーケットでの存在感が薄かったのです。

ところが2010年代半ばから海外旅行客によるインバウンド需要が高まったこと、2017年に発売したシワ改善化粧品「リンクルショット メディカル セラム」が大ヒットしたことにより、ポーラの業績は大きく上向きました。企業のブランド価値も一気に上がりました。

しかし、多くの社員たちはまだどこか自信を持てない状態にありました。インバウンド需要は外的要因であり、ヒット製品は研究開発チームの長年の努力の成果。最高益を誇りに思う一方で、自分がそれにどれだけ貢献できたか、どんな役割を果たしたかが確信できない複雑な思い。好業績は一時的なもので続かない、反動が怖いといった不安……。まじめで謙虚、慎重な社員が多いポーラの社風もあって、そんな残念な思考パターンが続いていたのです。

閉塞感を打ち破るために意識したのは、「売上数字以外の目標を持つ」ことでした。大ヒット製品をきっかけに新しくポーラのお客さまとなった方たちがどのくらい「ポーラの化粧品をまた買いたい」と思って来店してくださるか。さらには、「製品のファン」から「ポーラのファン」になっていただけるか。ポーラのブランド価値を理解し、「ポーラが好き」と言って下さる方をどれだけ増やせるかにこだわりました。

そしてそうしたお客さまを増やすためには、短期的な売上数字を追いかけるのではなく、お客さまにずっとファンでいていただけるよう、知識、技術、接客の力をより上げていき、ブランド価値を高めていくことが重要だと考えたのです。

化粧品がたくさん売れる店を目指すより、お客さまが幸せな気持ちになり、また来たいと思っていただける店を目指そう。「ブランド価値向上を掲げる」ことで、社員からポーラショップで働くビューティーディレクターたちへの提案が自然に変わっていきました。

目標が数字だけなら、売上のみが評価の基準となります。しかし例えば、新人スタッフのサポートをしてくれる人、魅力的なPRをつくれる人、レポートを的確にまとめてくれる人など、販売数字には直接表れない貢献によってリピーターを着実に増やしているスタッフがいます。チーム全員がそれぞれの貢献で評価される仕組みができると、メンバー間に「ありがとう」という声が増え、幸せな循環が回り出し、その幸せが自然とお客さまに伝わっていく。ポーラショップのメンバーたちにいい変化を引き起こせたことで、社員が自分に自信を持つようになり、挑戦する気運が徐々に高まっていきました。

新時代を生き残れるのは社会に価値を届ける会社

少しずつ外に向きを変えていた意識のベクトルが、コロナ禍というピンチにさらに背中を押されました。現状維持でうまくいく時代は終わったのです。社員たちの意識もがらりと変わりました。視点が短期的から中長期的に変わった、とも表現できると思います。「幸せ研究所」は、そうした変化から生じた最初の果実と言えるでしょう。

ESG（環境・社会・ガバナンス）重視の経営や、SDGsが叫ばれ、事業活動にもサステナビリティ（持続性）が求められる中、自社中心で物事を考えているようでは市場から取り残されてしまいます。

新時代を生き残るには、お客さまはもちろん、ビューティーディレクターなどのビジネスパートナーに信頼されることが大事です。世界と未来に視野を広げて、ポーラが社会に届ける価値を明確に示し、実行しないといけない。それが、人々と社会の永続的幸福＝ウェルビーイングの実現であると信じています。

「リーダーは笑ってなきゃダメ！」

私たちが、この数年でじわじわ進めている「幸せシフト」は、自然な流れだったと思います。そもそも企業理念に表れている通り、ポーラには「幸せ体質」が根付いているからです。前述の通り、創業者が手の荒れた妻をいたわるためにハンドクリームをつくったことを機にポーラの歴史は幕を開けました。このエピソードからして、ほっこりした幸せの気配が感じられると思いませんか。ショップで働くビューティーディレクターは、そんなポーラのDNAを受け継いでいるように思います。

コロナ禍の真っただ中でも、不思議なくらい元気な人がたくさんいました。ビューティーディレクターは固定給制のサラリーマンとは違い、販売手数料制です。営業日数減は、即、収入減につながります。ショップを率いるオーナーには毎月決まった家賃や光熱費の支払いもあります。

実際、本社にいる私たちに聞こえてきたのは、多くが切実な悲鳴です。一番大変だったのは直接、寒風にさらされているオーナー、マネージャーをはじめとしたビューティーディレクターたちですから、当然のことです。ところが、一方で私たち社員を一番、力づけてくれたのも、その現場の皆さんだったのです。

ある日のリモート会議の後、1人のオーナーが電話をくれたときのことは、忘れられません。

「及川さん、顔が疲れているよね。みんな心配してるよ。大変だろうけど、リーダーは笑ってなきゃダメ。会社が危ないと思われちゃうよ。真っ赤な口紅でも塗って大声で笑ってくれた方が、みんな、元気になるんだから」

友達のような口調、元気を分けてくれるかのような力強い声。すでに前野さんの本で幸福学に触れていた私は、「これって『幸せの４つの因子』をしっかり実践しなさいということだ」と思いました。


リーダーとして、「なんとかなる」因子と「やってみよう」因子を発揮して、笑顔でみんなに「大変だけど、きっと乗り越えられるよ」と伝えたい。「ありがとう」因子を思い出して、逆風の中で頑張っている皆さんにたくさん、ありがとうを言いたい。底抜けに明るいのが私の良さなのだから「ありのままに」因子の通り、いつものように笑っていていい。そう痛感しました。

また、あるオーナーからは、「（コロナ禍真っただ中の）この状況で何ができるかとショップのみんなで考えていたら、次々と主体的で前向きな提案をスタッフがしてくれて、こちらが励まされました」という報告を受け、まさに幸せの連鎖だなと感じました。

同時に、ポーラショップのチームが幸せな理由を解き明かすことの意義を、実感しました。普通に考えたら、個人事業主というシビアな立場にあるビューティーディレクターたちが、イキイキと働いてチームとしての成果を出し、幸せを実感できているのはどうしてなのか？

化粧品業界において、個人事業主のスタッフが現場を支えるポーラの体制は独特です。「ポーラレディ」(現在のビューティーディレクター)が訪問販売をしていた頃から、ライフスタイルの変化とともにショップでお客さまと向き合う形に徐々に変わりはしましたが、ポーラ独自のカルチャーの下、チームマネジメントのノウハウが蓄積され、成熟してきたのは間違いないと思います。

その「秘訣」を言語化、体系化して皆さまにお伝えすることには、とても大きな意義があるんじゃないか？　前野先生たちのアドバイスを受けて幸せ研究所で調査を重ね、次章でご紹介する「幸せなチームづくり7か条」をまとめたのは、そう強く思ったからです。

いいチームをつくることは、幸せに近づくこと

私がポーラショップのマネジメントにことさら注目するのは、人一倍「チーム」へのこだわりがあるからです。長い間、仕事をしてきて、そして半世紀ほど生きてきて、一人では何もできないこと、一人では生きていけないことがわかってきた、ということかもしれません。

チームの大切さを改めて心に刻んだのは、2019年の年末に「社長になってもらうから」と辞令をうけた時でした。「及川さんには足らないところがたくさんある。だから社長になってもらう」というのがその理由でした。どういうことかと思ったら、「あなたには変えたいことがあるんでしょ。その意志が大切なん

だ。そして君の周りには○○さんも△△さんもいるよね」と……。

そこでピンと来ました。「なるほど。みんなに頼って、チームをつくれということか」と。足らないところがある私だからこそ、人の良さを見出し、その人たちの力を今まで以上に発揮させることができるかもしれない。


コロナ禍の最中、社員たちには「尖れ、つながれ」という行動スローガンを投げかけました。「尖れ」とは自分で考え、自分の強みを発揮すること。「つながれ」とは仲間とつながること。主体的であれ、かつチームプレーを大事にしてほしいという意味の言葉です。

幸せな人には力がある。そして幸せなチームにはもっと力がある。私はそう思います。

幸せ研究は「幸せ経営戦略」に反映する

私は、「幸せ研究所」の研究成果がいずれ業績に寄与してくれることに自信を持っています。まずは、幸せを感じている人とそうではない人、パフォーマンスの高い人とそうでない人の差がどこにあるのかを、様々な角度から捉える。その要因を特定できれば、これを実践することで生産性が上がるという仮説が成り立ちます。

仮説を実証できれば、それは立派なマネジメント変革の根拠です。社員の働き方も上司と部下のコミュニケーションも、社内報の書き方一つまでもが変わり、最後は社員の日常生活にも影響を及ぼすことでしょう。その蓄積が「幸せ経営戦略」を成熟させ、気づいたら業績がぐんと向上していた。私はそんな未来を思い描いています。

幸せ経営についてアイデアを語り始めたころ、「それって業績につながるの？」「今優先すべきことですか？」という意見もいただきました。

私自身、20~30代は現場に近いところでシビアなくらい数字にこだわってきましたから、そうした意見はよく分かります。例えばインセンティブなどで、確かに数字は上がります。しかし、それだけに頼っていると持続的な経営は成り立ちません。

少し時間がかかっても、頑張ること自体がやる気につながるような好循環をつくらないといけません。お客さまが本当に必要とするものを提案して喜んでいただくこと。その結果、リピーターとなっていただき、息の長いお付き合いをしていくことで、長期的な収益が生まれていきます。「幸せ」をビジネスの軸におくことが大切だと私は思います。

「幸せシフト」が社員の意識を変えた

ポーラの「幸せシフト」から始まった変化は、すでにいくつもあります。

私が肌で感じているのは、社員の意識の変化です。数年前までは社員にアンケート調査を行うたびに、「自分の意志」の希薄さを感じました。「会社の方針が分からないと決められません」「自分のやりたいことは？と言われてもよく分かりません」……そんな言葉に正直がっかりしたものです。

ところが、ここにきて「私はこうする」「私はこう考える」という、「私」が主語の回答が増えてきました。社員からの事業改善提案が2020年からの2年で3倍近く増えたこと、四半期に一度行う業績報告・経営メッセージ会の配信動画を社員のほぼ全員が見るようになったことなど、企業風土の変化の兆しをあちこちで感じます。

社員の意識が変わりつつあることは、意識調査(「働きがい」に関する世界的な調査機関「働きがいのある会社研究所(GPTW)」)の結果からも分かります。私はこれを社員の幸福実感を測る指標の一つとして重視しているのですが、2020年のコロナ禍以降、目に見えて改善しています。

2022年と2020年の数字を比較すると、「この会社には特別に認められる機会が誰にでもある」が+13ポイント、「上司は部下の意見やアイデアに耳を傾ける」が+5ポイント、「私は社会課題解決のためになんらかの行動をおこしている」が+10ポイントで、軒並み上がっていました。

さらに、自らの個性を生かしながらチーム力を向上させる人材育成プログラムに自ら手を挙げて参加する社員の人数は、2018年の79人から2022年には753人と10倍近く増えました。幸せ研究をはじめ、社会に目を向けた活動が評価されていることで、会社と社員が変化していることを感じます。

まだあります。2022年の新卒採用のエントリー数が、過去最高の7187名を記録しました。2017年は2978名でしたから、5年で倍以上増えたことになります。各社の就職人気ランキングでも、従業員が数万人もいる大企業と肩を並べています。社員にしてみれば、これは確かに誇らしいことですよね。ポーラが発信している、社会的意義の追及へ共感していただいていることの証ではないかと、私も喜ばしく受け止めています。

社員の意識が変われば、当然、仕事への取り組み方が変わります。時間はかかっても、それが業績につながるのは自然なことではないでしょうか。

さて、続く第4章では、いよいよ「幸せなチームづくり7か条」をご紹介します。ポーラショップを経営するオーナー(店長)、マネージャー(副店長)とスタッフであるビューティーディレクターたちが実践している、チームづくりのノウハウを体系化したものです。大企業から街の商店まで、あらゆるチームマネジメントの現場で役立つ、「宝」のような成果だと自負しています。

ぜひお読みいただき、明日からのチームづくりに取り入れていただきたいと思います。

第4章

ポーラ幸せ研究所が見つけた!

「幸せなチームづくり 7か条」

株式会社ポーラ 代表取締役社長
ポーラ幸せ研究所 所長
及川美紀

幸せな職場＝ぬるい職場ではない

今、チームの力を引き出すリーダーシップへの関心が高まっています。特に注目のワードが「心理的安全性」。メンバー同士がオープンにコミュニケーションを取ることができ、失敗やミスを恐れずに自分の意見を自由に表現できる状態を指します。リーダーが売上や利益など数値目標ばかりにとらわれ、目標を達成できないと叱責される組織では、心理的安全性がありませんから、チームのメンバーはみんな率直に意見を言えなくなります。

チャレンジをしたくて手を挙げても、若いから、女性だから、子育て中だからといった理由で機会が与えられなければ、働く人は会社のことも上司のこともあっさりとあきらめ、指示されたことだけをやっていればいいと考えるようになってしまいます。当然、そんな組織にイノベーションは起こりようがありません。

むろん、幸せな職場＝ぬるい職場ではありません。自分で考えて発言し、互いに意見を交わしながらも人間関係が壊れない。大きな目標を共にする。幸福学を知れば知るほど、自ら動いて挑戦する人材を生む組織をつくるために一番大事なのは「人と人とのつながり」だと感じます。一人一人が他のメンバーを、自分と同様に大切にし、それをみんなが感じ合えるチームマネジメントが、メンバーの幸福度を高め、かつ成果を出すには必須です。

ではそれを実現しているリーダーはどんなチーム運営を行っているのでしょうか。科学的に、かつ、具体的に示すために、ポーラ幸せ研究所では2021年8月から2023年3月まで、合計3回の調査と分析を行い、「幸せで成果を出すチームづくりの条件」に迫りました。

有効調査数は約3000人にのぼります。第一回調査では、ポーラショップで働く人（オーナー（店長）、マネージャー（副店長）、ショップスタッフであるビューティーディレクター）と、一般の働く女性たちの人生満足度と行動・習慣を比較しました。すると、「ポーラショップで働く人は一般の働く女性より幸福度が高い」という結果が出ました。そこで、なぜポーラショップで働く人は幸福度が高いのか、どんな考え方や行動がそれぞれの幸福度を高めているのかを統計分析しました。その結果から導き出した、幸福度を高める秘訣を後ほど紹介します。

第二回調査では、「幸せでかつ成果を出すチーム」を率いるリーダーの特徴を知るために、ポーラショップのオーナー(店長)の中から、本人の幸福度が高く、仕事で高い成果を上げている人たちにインタビューを行いました。幸福度のスコアが高く、組織風土もよいオーナーはどのような働き方をし、どのような思考で、どう行動しているか。具体的なチームビルディングの方法、職場やチームメンバーの幸福度を上げるための工夫について聞きました。

なお、成果を測る物差しは、店舗の売上額に加え、スタッフであるビューティーディレクターの離職率が低く、お客さまの継続率が高いこととしました。このインタビュー結果を分析した上で、共通点を明らかにしたのが「幸せなチームづくり7か条」です。7か条の具体的な内容は後ほどじっくり紹介します。

第三回調査は検証です。第二回調査で導き出された「幸せなチームづくり7か条」を実践すれば、幸せで成果を出すチームができるのか。7か条の実践度とメンバーの仕事総合満足度（幸せ）、ショップの新規顧客リピート率（成果）との相関を分析しました。詳細は後ほどご紹介しますが、明らかなつながりがあることが確認できました。

「定年」はなく、100歳で現役の人もいる

今回の調査・分析の対象となった「ポーラショップで働く人」をご理解いただくために、改めてポーラの組織の特徴を説明しましょう。

ご存じの通り、ポーラは百貨店などに店舗を持ち、海外事業やオンラインストアも展開していますが、売り上げの6割強を占め、事業の屋台骨を支えるのは日本全国のポーラショップです。化粧品販売・カウンセリング・エステという3つのサービスを提供する店舗「ポーラ ザ ビューティー」を中心に、全国に約2700店もありますから、あなたの家の近くにも見つかるかもしれません。

ポーラショップは、ショップの経営者かつ店長であるオーナーが、個人事業主であるビューティーディレクターを束ねる形で運営されています。オーナーは、多くが自身もビューティーディレクターとして活躍した経験を持つ「ポーラのベテラン」です。ちなみにポーラの本社や国内の事業所で働く社員は全部で約1300人ほどですが、ビューティーディレクターは約2万5000人もいます。ポーラショップが直接、お客さまに接する最大のチャネルであることからすると、その最前線を守るビューティーディレクターたちは「ポーラの顔」にほかなりません。

働く場所としてのポーラショップの大きな特徴は、自由度の高さです。ビューティーディレクターは個人事業主（つまりフリーランス）ということもあって、年齢で線を引くような決まりに縛られることがありません。定年もないため、100歳で現役の方もいます（2023年8月に「最高齢の女性ビューティーアドバイザー」としてギネス世界記録に認定されました）。意欲とスキルさえあれば、誰もが存分に活躍できる環境です。そのスキルも働きながらゼロから学べます。

収入は販売手数料制。頑張って成果を上げれば収入を増やせる一方、それぞれが個人事業主というフリーな立場ならではの厳しさもあります。ショップがどれほど集客できるかは、景気にも社会的な環境の変化にも影響されます。誰でもいつでも安定した収入を得られるとは限らないということです。

会社は店舗運営や製品知識・接客サービスなどの教育の提供とサポートをしますが、各ショップの舵取りは、オーナーの裁量に委ねられています。そのため、メンバーが守るべきルールも働き方も、ショップごとに少しずつ違います。

全員が個人事業主の集団は、普通に考えたら、チームとしてまとまるのはなかなか難しい組織形態ではないでしょうか。ポーラショップの場合も、全員が独立した立場にあるビューティーディレクター同士は、チームメンバーであると同時に「顧客を取り合う」ライバルともなりえます。シビアな人間関係が生まれ、幸福度が下がっても不思議ではありません。

にもかかわらず、前述のようにアンケート調査で「ポーラのビューティーディレクターは一般の働く女性よりも幸福度が高い」という結果が出ました。そこにどんな秘訣があるのか？　高い幸福感と成果の両方を生み出しているビューティーディレクターたちの意識や行動からチーム運営の共通点を探ったのがこれからご紹介する第一回調査です。

第一回調査「幸福度と美意識に関する定量調査」（2021年）

ポーラショップで働く人の幸福度の高さを統計分析

2021年に行った第一回調査「幸福度と美意識に関する定量調査」の対象は全国のポーラショップで働く人（ビューティーディレクターとオーナー、マネージャー）約1600人と、一般の働く女性約1000人です。「人生満足尺度」「幸せの4因子」「9つの美の意識・行動」の3項目に関して合計75問のアンケート調査を行い、「人生満足尺度」と「幸せの4因子」の高さ、「9つの美の意識・行動」を

●ポーラショップで働く人の人生満足尺度=幸福度は一般の働く女性と比較して、極めて高い

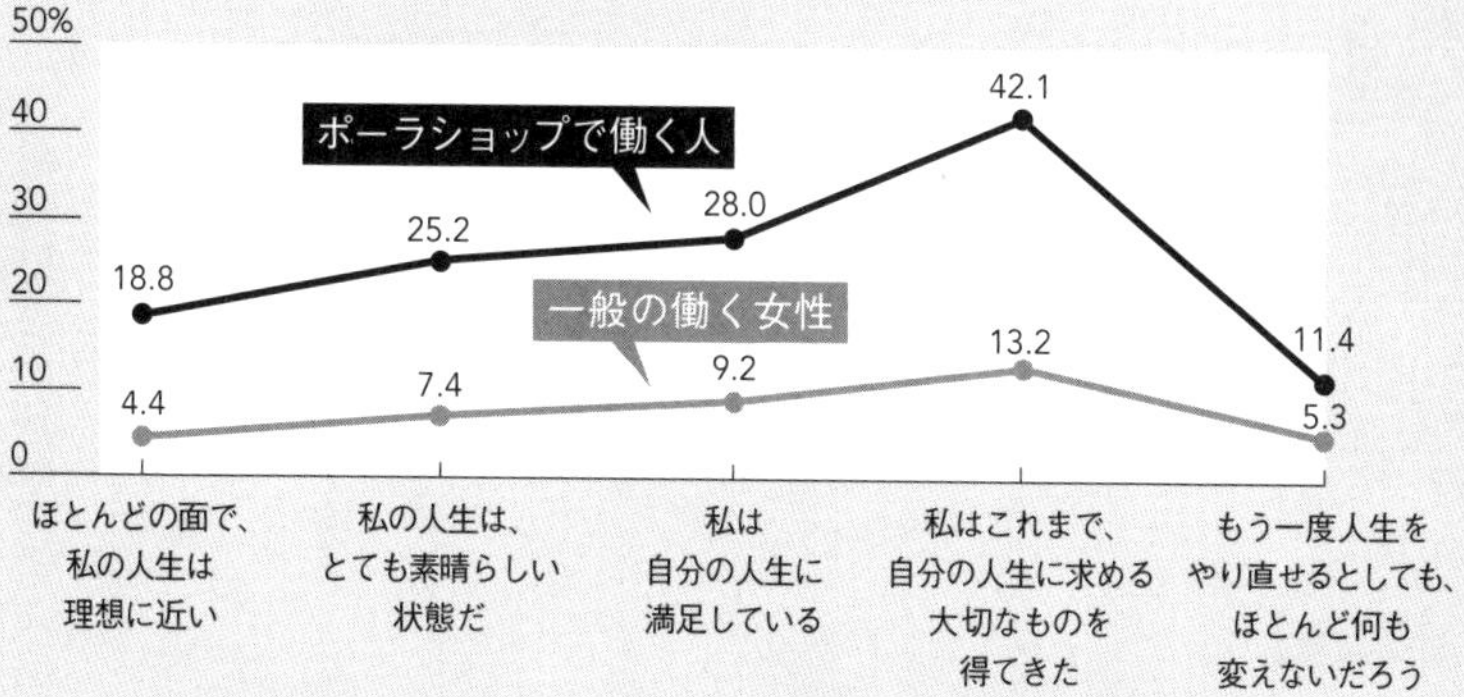

※グラフの縦軸は各設問に「とてもそう思う」「かなりそう思う」と答えた人の割合

●幸せの4因子も一般の働く女性と比較していずれも高い

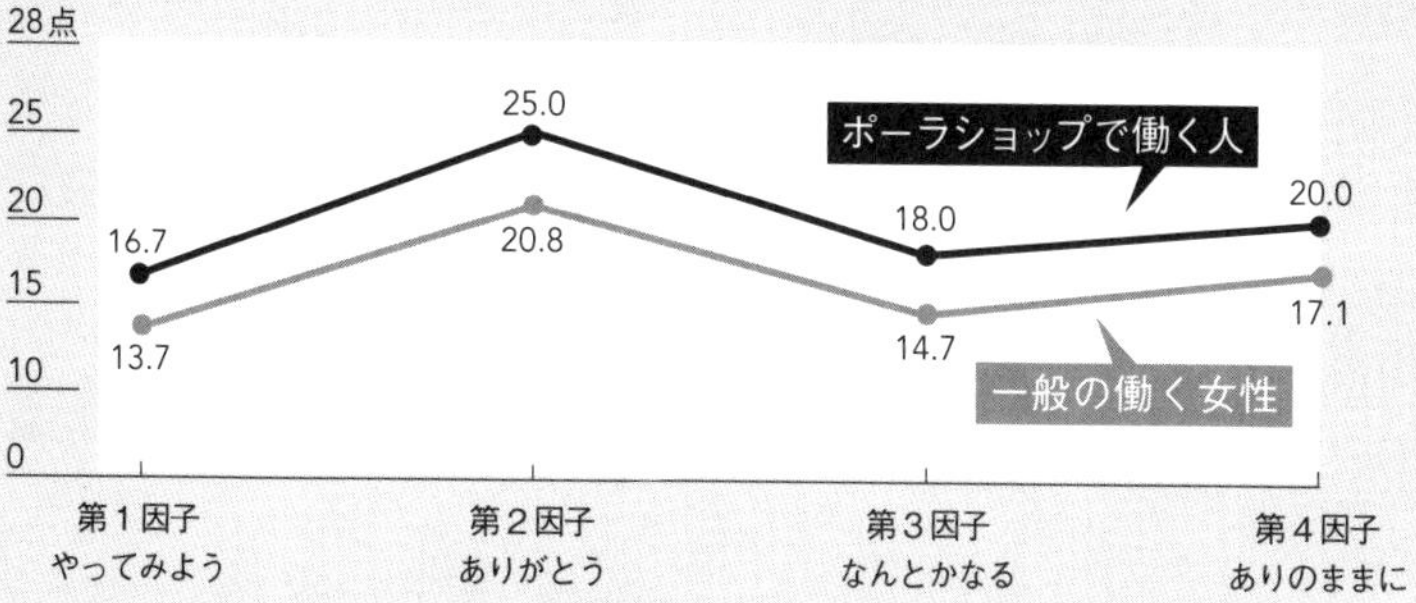

※グラフの縦軸は各設問についての回答者群の平均得点（満点で28点）

出所：ポーラ「幸福度と美意識に関する定量調査」(2021年)

調査概要

〈アンケート回答者〉
ポーラショップで働く人（オーナー、マネージャー、ビューティーディレクター）：1619人（20～80代）
一般女性：1103人（20～50代の有職者女性。パート・アルバイトを含む）
〈アンケート項目〉全75問
「人生満足尺度」(5問)：ディナー教授による人生満足尺度を測る設問
「幸せの4因子」(16問)：前野隆司教授による幸せの4因子のレベルを測る設問
「9つの美の意識・行動」(54問)：ポーラ幸せ研究所が設定。「美しく生きる」ことにつながる9つのテーマ①誠実性②チャレンジ志向③探究心（以上「しなやかな強さ」）④自己肯定⑤豊かな感受性⑥セルフケア（以上「美意識」）⑦多様性の尊重⑧利他の精神⑨社会志向（以上「つながり」）にあてはまる意識と行動についての設問

日常的にどの程度行っているかを分析しました。その結果は99ページの図の通りです。「人生満足尺度」「幸せの4因子」のいずれも、ポーラショップで働く人の数値が一般の働く女性を大きく上回りました。

なぜポーラショップで働く人たちの幸福度は高いのでしょうか？　「幸せのメカニズム」を分析し、実践的な方法に落とし込んでみました。

回答から、幸福度を示す「人生満足尺度」に、「幸せの4因子」の回答を照らし合わせる形で統計的な分析を行いました。その結果、ポーラショップで働く人の幸福度（「人

● ポーラショップで働く人の人生満足尺度（幸福度）を高めているのは「私を大切に思ってくれる人たちがいる」という意識

		「ありがとう」因子を高める要素			
		人の喜ぶ顔を見たい	私を大切に思ってくれる人たちがいる	私は、人生において感謝することがたくさんある	日々の生活において他者に親切にし、手助けしたいと思う
人生満足尺度	**TOTAL**	**86.9**	**73.3**	**88.6**	**77.9**
	5～14点	79.6	45.9 ↓	70.1	69.4
	15～19点	83.2	56.0	74.7	65.2
	20～24点	84.9	71.9	91.4	77.1
	25～29点	91.3	88.3	96.8	85.3
	30～35点	96.4	94.9	98.5	91.2

「ありがとう」因子を高める要素と人生満足尺度（幸福度）との相関関係を分析した表。「私を大切に思ってくれる人たちがいる」という意識が高まるほど、人生満足尺度（幸福度）が上がる。他の項目に比べてその相関が強いことが分かる。

生満足尺度」)に大きく影響していたのは、「幸せの4因子」(4因子について詳しくは48ページ~)の中の「ありがとう」因子と、「なんとかなる」因子だと分かりました。

「ありがとう」因子は、他の人との関わりの中で育まれることが研究で分かっています。「ありがとう」因子を高めるのは、感謝、承認、応援、許容、自己有用感。もともと日本人は「ありがとう」因子が高い人が多いのですが、ポーラで働く人の数字は群を抜いて高いという結果が出ました。

また「ありがとう」因子の高さに特に強い影響を与えていたのが、「私を大切に思ってくれる人たちがいる」という意識であり、それが高まるほど人生満足尺度(幸福度)が上がるという相関がはっきり出ました(右ページ下の表参照)。これはまさに幸福学のセオリー通りです。

ポーラショップでの仕事を通して「お客さまに必要とされている」こと、「支えてくれる仲間がいる」ことを感じやすい環境であること、さらにチームの中で日常的に応援しあったり認め合ったりすることで、強固な「ありがとう」因子でつながった人間関係がある。そうした人間関係が、自分の良さを肯定し、新しいチャレンジをすることを支えてくれているのだと思います。

自ら道を切り開いてきたことが自信につながる

ちなみに誰かに「ありがとう」と言うとき、その前後に固有名詞をつけると、さらに効果的であることが幸福学の実践で分かっています。「○○さん、ありがとう」と名前まで呼ばれると、「私」が特別に感謝されたと感じます。みんなに「ありがとう」と言うのと「○○さん、ありがとう」とでは、言われた側の幸福感が大きく異なるのです。リーダーがそうした習慣を続けることで、チームメンバーが互いに名前で呼び合うようになり、会議で活発に発言するようになって職場の雰囲気が改善した実例もあります。スタッフの幸福度の高いポーラショップでは、おそらく自然にそうした行動が習慣づけられているのだと思います。

ポーラショップで働く人の幸福度(「人生満足尺度」)に大きく影響を与えてい

るもうひとつの「幸せの4因子」は「なんとかなる」因子。これは別名「自分を肯定・受容し、楽観的であること」因子で、この因子を高めることにつながる意識は、「自分は人生で多くのことを達成してきた」「私は物事が思い通りにいくと思う」でした。

自らの努力で道を切り開いてきたこと、仕事を通して自己実現をしてきた手ごたえ、目標を達成してきた経験。これらがポーラショップで働く人の幸福度を高めているのだと思われます。

第二回調査「幸せなチームづくりに関する定性調査」(2022年)

幸せで成果を出すリーダーたちの共通点を明らかに

ポーラショップで働く人(オーナー、マネージャー、ビューティーディレクター)の幸福度の高さとその理由を明らかにした、2021年の「幸福度と美意識に関する定量調査」の結果を受けて、翌2022年に行ったのが「幸せなチームづくりに関する定性調査」です。幸福度が高く、かつ仕事の上で成果を出すチームはどうつくられているのか。その両方を実現しているオーナーにインタビューを行いました。オーナーはショップの店長という組織のリーダーです。その働き方、思考、行動を知ることでチームマネジメントの実際に迫り、ポーラショップの成功事例に共通するチームマネジメント手法を「幸せなチームづくり7か条」として体系化しました。

幸せで成果を出す人と幸せだけど成果を出せない人

調査対象は、第一回の調査時に集めた膨大なアンケートデータから、「オーナー自身の幸福度が高く、ショップの売上実績も高く、スタッフであるビューティーディレクターの定着率と顧客の継続率の高い〝成果を出している〟」オーナーを抽出。年齢層と店舗形態が散らばるように8人を選び、インタビューの対象者としました。

あわせて「オーナー自身の幸福度は高いけれど〝成果を出せていない〟」オーナ

ー4人にもインタビューをしました。本人の幸福度が同じように高くても、成果を出しているチームと出せていないチームでは何が異なるのか?を比較するためです。リーダーの行動や考え方に違いがあるはずだと考えました。

インタビューのデータから、「本人の幸福度が高く、成果を出しているオーナー」と「本人の幸福度は高いけれど、成果を出せていないオーナー」のリーダーとしての考え方、行動、顧客意識を分析し、違いをまとめたのが次ページの一覧表です。

第二回調査「幸せなチームづくりに関する定性調査」(2022年)の概要

〈インタビュー対象者〉
幸福度のスコア23点以上(35点満点、回答者の平均得点は23点)、オーナー歴5年以上、ショップに複数名のビューティーディレクターがいる、一定以上の売上額があるオーナーの中から、ビューティーディレクターの定着率と顧客継続率が共に高いオーナー8人、同定着率と同継続率が共に低いオーナー4人。

〈インタビュー項目〉ウェブインタビューで各1時間程度

プロフィール	●家族構成、好きなこと、ポーラで働くきっかけなど
人生経験	●幸せな体験/辛い体験、ターニングポイントなど
オーナーとして	●幸せな体験/辛い体験、ターニングポイントなど
チームについて	●メンバーの特徴、幸せな環境づくりへの意識と行動、今後の課題など

〈幸福度が高く、成果も出しているオーナーは5つのポイントで違いがある〉

「本人の幸福度が高く、成果を出しているオーナー」は常に相手（ビューティーディレクター）の意見を聞き、相手の立場に立って考え、行動しており、メンバーに対する愛情にあふれている。一方、「本人の幸福度は高いけれど、成果を出せていないオーナー」は「私」の考えや意見を相手に伝え、相手に変わることを求める傾向が見られた。

幸福度と成果共に高いオーナー		幸福度は高いが成果が低いオーナー
相手だったらどう考えるか、相手にとっての幸せは何かを考える	マインド	私はこう考えるという意見を伝えている。 相手の幸せを私の立場で考えている
相手が主体。 相手に主体性を持たせる	主体性	私が先導する。 私が前に立つ
いいチームづくりのために私が自ら動く	行動	いいチームづくりのために相手を変えようと働きかける
出来事に対し、自分を省みる。反省し、次につなげる。私が変わる/私改革	内省/改革意識	出来事を省みて、次に活かす発話は挙がらない。 相手を変える/組織改革
お客さまにベストを尽くすため、メンバーに気持ちよく働いてもらうことを優先	顧客意識	お客さま優先。 そのためにメンバーに変わってほしいと考えている

共に本人の幸福度は高いのに、なぜ成果の点で差がつくのか。注目したいのが「マインド」「行動」です。「本人の幸福度が高く、成果を出しているオーナー」のマインドの共通点は、「相手」がどう感じるか、「相手」にとっての幸せは何かを考えることです。その結果の行動として、命令をしていないことが分かりました。やるべきことがあれば、命令して相手を動かすのではなく、まず自分が動く。チームメンバーはその姿を見て「ああやればいいんだ」と自主的に気づいて、自分の意思で行動してくれるというわけです。

人は、主体的に動いている意識があると、貢献意欲、チームへの所属意識が高まります。マニュアルがなくても動けるし、状況に合わせて自ら考えて臨機応変に対応するから実力もつきます。行動の改善を求めたい際、幸福度と成果が共に高いオーナーは「なぜできなかったの」と叱ったり、「こうすべきだった」と指示したりするのではなく、「どうしたらよかったと思う?」「また来ていただくにはどうしたらいいと思う?」と意見を聞くという共通点がありました。メンバーは委ねられることでこのチームに自分が必要だと感じ、自由に意見を言うことができる、まさに心理的安全性の高い組織がつくられています。

一方、「本人の幸福度は高いけれど、成果を出せていないオーナー」は、「私」はこう考えるという意見を伝え、相手の幸せを「私」の立場で考え、いいチームづくりのために相手を変えようと働きかける傾向がありました。「私」が先導し、「私」が前に立ちがちです。アドバイスにとどまらず、指示をしてしまうタイプです。

トップダウンで「こうしなさい」と言われると、人は自分の意思に関係なく、「そうせねばならない」と感じます。これでは幸福度は上がりませんし、やる気も下がってしまいます。残念ながら幸福学の研究に照らし合わせると「幸せなチームづくり」ができていない状況です。

印象的だったのは、「本人の幸福度が高く、成果を出しているオーナー」たちがインタビューで、「上長（もしくは家族）に愛され支えられた経験談」と「人生において痛みを知る経験談」のいずれか、もしくは両方について強い記憶を持ち、それについて語ったことです。こうした体験から学びを引き出し、多くの気付きを得ていました。

誰かに十分に愛され支えられることは、自分という存在を全肯定される経験です。リーダーがその重要性を理解し、今度は自分がメンバーを大切に思い、愛情をもって接することができるか。人生において、自分の力ではどうにもならない事態に苦しみ、周囲の人に支えられて今の自分があるのだと改めて気づくなど、豊かな人生経験で培った人間性が、メンバーとの関係づくりにもチームマネジメントにも好影響をもたらしているのは間違いありません。

第三回調査「幸せなチームづくり7か条の実態と働きがいに関する調査」（2023年）

7か条の実践が仕事総合満足度を上げ、新たなファンを獲得する

2023年に行った三回目の調査では、7か条の実践度とショップメンバーの仕事総合満足度（幸せ）、ショップの新規顧客リピート率（成果）との相関を明らかにし、7か条の実証性を確認しました。

調査対象は一定以上の月商とスタッフ数があるショップの中から抽出したオ

ーナー135人とそこで働くビューティーディレクター256人。「仕事総合満足度」と「幸せなチームづくりの実践度」についてオーナー、ビューティーディレクターにそれぞれ25問のアンケート調査を行いました。「幸せなチームづくり7か条」の実践度のデータの客観性を高めるため、オーナーによる自己評価、ビューティーディレクターによる他者評価のスケールで回答を集めた上で、ショップメンバーの仕事総合満足度(幸せ)、ショップの新規顧客リピート率(成果)との相関を調べ、分析をしています。

この調査で明らかになったのは、幸せなチ

第三回調査:「幸せなチームづくり7か条の実態と働きがいに関する調査」(2023年)の概要

〈調査対象者〉
オーナー：135人（一定以上の月商とスタッフ数があるショップから抽出）
ビューティーディレクター：256人（上記オーナーのショップ所属でキャリア2年以上、一定以上の月商があるビューティーディレクターから抽出）

〈質問項目〉25問

働きがい
- 職場の満足度、働きがい、やりたいことが実現できているかなど

幸せなチームづくりの実践度
- 幸せなチームづくり7か条が職場でどの程度実践されているか、具体的な行動など

チームの連帯感・活性度・価値観
- 職場のコミュニケーション、チームの意欲、経営ビジョンの共有、業績や成果への評価など

●幸せなチームづくり7か条を実践するショップほど新規顧客リピート率が高い

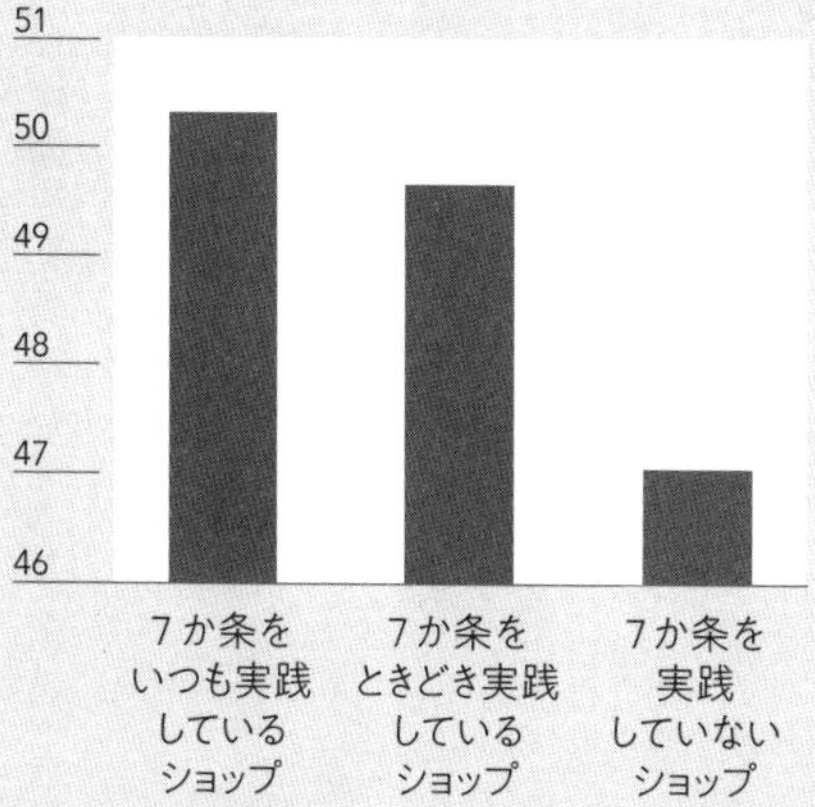

※縦軸は新規顧客のうち、3か月以内に2回目購入のあった顧客数の割合を偏差値化したもの

●仕事総合満足度が高いビューティーディレクターは、新規顧客リピート率が高い

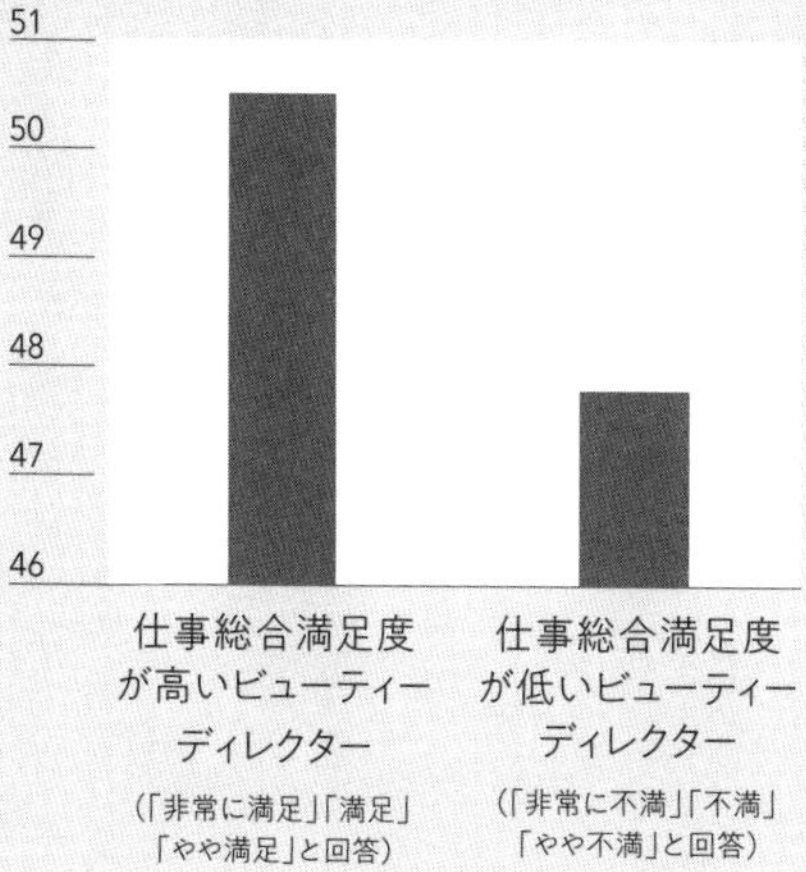

※縦軸は新規顧客のうち、3か月以内に2回目購入のあった顧客数の割合を偏差値化したもの

出所：ポーラ「幸せなチームづくり7か条の実態と働きがいに関する調査」（2023年）

ームづくり7か条の実践度が高いショップでは、スタッフの仕事総合満足度と新規顧客リピート率が共に高いということです。幸せなチームづくりと聞くと、仲良しチームのようなイメージを持つ方もいるかもしれませんが、ビジネス指標や仕事総合満足度にしっかりとした相関関係があることが分かりました。

新規顧客リピート率は、店舗ビジネスをされていない方には耳慣れない言葉かもしれませんが、初めて利用されたお客さまが一定期間内に再来店したかどうかを測る指標のことです。

つまりお客さまが「またこの店に来たい、この人から製品やサービスを購入したい」と感じたことを示す指標であり、化粧品業界にとどまらず、あらゆる業種、職種に共通する重要なものだと思います。

企画、営業、管理など、どんな職場でも他社や他部署とのやりとりで必ず誰か相手がいますよね。知識とスキル、アウトプットが高く、加えて人柄がよく、信頼できる人であれば、多くの人が「また一緒に仕事をしたい」と考えます。新規顧客リピート率はいわばそのような指標です。

新規顧客リピート率の背景にはチームの力があると私たちは考えます。チームメンバーが主体的に動いて仕事にやりがいを感じ、目標達成のために健全なコンフリクトもできる組織だからこそ、より高いアウトプットを生み出せる。結果的にスタッフの仕事総合満足度と、新規顧客リピート率が共に高くなる。「また一緒に仕事をしたい」と感じさせる担当者の背後に、いいチームが存在することは間違いありません。そして、そのためにはリーダーの幸せなチームビルディングが必要と言えるでしょう。

幸せで成果を出すチームマネジメントの原則

メンバーが幸福感を持って意欲的に働けるチームをつくるために、リーダーは何を考え、メンバーとどう向き合うべきでしょうか？

自身の幸福度が高く、成果も出しているポーラショップのオーナーたちのインタビューを徹底的に分析した上で、チームビルディングとマネジメントのルール、「幸せなチームづくり7か条」をまとめました。7か条は「メンバーとの向き合い方」4つ、「リーダー自身のあり方」3つに大きく分かれています。

ご紹介した通り、やりがいも厳しさもあるポーラショップで、トライアル・アンド・エラーを繰り返した末に熟成されたノウハウです。

幸せなチームづくり7か条は多くの組織、チームに当てはめて活用していただけると思います。次ページからのチェックリスト、皆さまはいくつあてはまるでしょうか？

ポーラ幸せ研究所が見つけた！

「幸せなチームづくり7か条」

メンバーとの向き合い方編

第1か条 対話する・目をつむらない

- ✓□ 相手の思っていることや考えをまず聴く
- □ 相手を理解するために、ときにはプライベートや価値観についても会話する
- □ 気になる行動があったときは、先延ばしにせず二人で話す時間をつくる

第2か条 ジャッジしない・正解を求めない

- □ 自分の物差しだけで善し悪しを判断しない
- □ 個々の考えの違いを楽しむ
- □ 過去の前例にとらわれず、新しい意見を尊重する

第3か条 執着しない・リセットする

- □ ありがとうと言われることを目的にしたり、見返りを求めたりしない
- □ 気持ちを切り替える自分なりのルーティンを持つ
- □ ぶつかったり注意したりしても、翌日にはいつも通り接する

第4か条 任せる・委ねる・頼る

- □ 自分が苦手なことは正直に伝えて、進んで相手を頼る

□メンバーそれぞれの個性や良いところを探す、見出す
□一度頼んだことは、介入しすぎず信じて任せる

リーダー自身のあり方編

第5か条 経験を教訓にする

□うまくいかなかった体験は、何がいけなかったのか、どうすればよかったのかを考える
□うまくいった体験は、なぜうまくいったのか、大事なことは何かを考える
□良い経験も辛い経験も、すべては自分の糧であると捉える

第6か条 相手を変えるのではなく自分が変わる

□相手の立場や状況に立って想像する
□相手に合わせて、自分の関わり方を変える
□自分のふるまいや行動で相手や周囲の行動が変わっていくと捉える

第7か条 愛のループを自分から始める

□今の自分があるのは、これまで支えてくれた人のおかげという意識を持つ
□常に感謝の気持ちを持ち、周囲に伝えている
□見返りを求めるのではなく、与えることに幸せを見出す

第1か条 対話する・目をつむらない

お互いの考えや思いを聴く、話す。違和感や相手の嫌な部分が見えたときは、黙って我慢せずに真意をたずねる

☑ 相手の思っていることや考えをまず聴く

皆さまは普段どれくらいメンバーの声に耳を傾けているでしょうか？　リーダーはとにかく多忙で時間がありません。「メンバーとじっくり話す時間がつくれない」という方もいるでしょうし、「普段のミーティングではアドバイスなど自分が話している時間の方が長い」という方もいるかもしれません。しかし、相手の思いや考えに耳を傾けることは、リーダーとメンバーの信頼関係を築くためには欠かせません。

メンバーが「リーダーは私の話を聴いてくれる」と思えないと、心を開いてく

れず、新たな提案もしてくれず、やがては思考停止、指示待ち・受け身状態にもなりかねません。まずは、普段のミーティングや会話から相手の考えを問うことを意識してみてください。

「○○さんはどう思う？」とストレートに聞くのもよいですが、関係性がまだ十分にできていないときはやや身構えられる可能性もあります。「○○さんがどう感じているか聞きたいなと思って。正直なところどうかな？」などと、「私が知りたい」という気持ちを示したり、「○○さんとしてはどう思った？」などと、正解が何かは意識せず個人の見解を伝えて○Kと安全性を担保したりすることもポイントです。

そしてできれば一対一で話す時間もつくってください。忙しいリーダーの方は、先に予定を入れてしまいましょう。1か月先、2か月先でもかまいません。1～2日間をまるごと、「メンバーとの1on1ミーティング用」に予定を確保しておけば、意外と予定はやりくりできるものです。

「忙しいリーダーが自分たちのためだけに時間をつくってくれている」とメンバーが思ってくれれば、それもリーダーへの信頼につながります。

相手を理解するために、ときにはプライベートや価値観についても会話する

ポーラショップで働くビューティーディレクターに行った調査(2023年)では、上司(オーナー)との関係性について、「プライベートも含めて何でも話す関係」と答えた人が約8割にのぼりました。

「自分の職場ではそこまでは無理」と思う方もいらっしゃるかもしれません。念のために申し上げておくと、チームメンバーのプライベートに介入するような質問や会話をしましょうということではもちろんありません。仕事の内容や業務の進捗の話題ばかりではなく、その人個人に対する理解を深めましょうということです。

コロナ禍以降、テレワークが増えて、それまで職場の隣同士や昼食時に繰り広

げられていた「雑談」がずいぶんと減りました。休日をこう過ごした、子どもの運動会でこんなことがあった、今○○が推しなんです、そんな会話をすることで、どのようなライフスタイルを望んでいるのか、その人の価値観や意外な一面が見えてきたりするものです。

テレワーク中心の職場ならば、オンライン会議で定期的な予約をセットし、例えば月曜日の朝30分は雑談をする、ビジネスチャットに「つぶやき」というチャンネルを立てて会話をする……そんな取り組みもおすすめです。

そして、聞くばかりではなく、リーダー自身のこともぜひ開示してみてください。リーダーは職位が高く、評価者なわけですから、怖がられたり距離を置かれたりしがちなものです。そんなリーダーが自らプライベートの失敗談などを打ち明けたら、人間味を感じて心の距離が縮まるかもしれません。

気になる行動があったときは、先延ばしにせず二人で話す時間をつくる

もし部下の行動や言動で気になるところがあった場合、皆さまはどうされて

いますか？

例えば会議で周囲への配慮に欠けた発言をしていた部下がいたとしましょう。「ちょっとした気遣いがなぜできないんだろう」とモヤモヤしたままにすることは「目をつむる」という我慢になります。

目をつむることはある意味、簡単です。そのメンバーと話し合う時間をつくらなくてすむし、言いにくいことを伝えるエネルギーを割く必要もありません。ですが、おそらくあなたの中にモヤモヤが残り続け、場合によってはそのメンバーに悪い印象を抱くことになりかねません。


大切なのは、目をつむらずに対話をすることです。呼び出してお説教をしましょうと言っているわけではありません。発言の真意を聞き、相手への理解を深めることが目的です。できればその日のうちに時間をつくり、「あのときの言葉がちょっと気になったんだけど、何かあった？」と聞いてみましょう。もしかすると、他のメンバーとうまくいっていないのかもしれませんし、業務過多で心の余裕がなくなっているのかもしれません。

ちょっとした「目をつむる」行為が蓄積していくと、行動の背景にある本音や要望を知らぬまま、お互いの距離が開いていくことになりかねません。ぜひ勇気を出して、「どうした？　何かあった？」と聞いてみましょう。

幸せなチームづくり7か条　～メンバーとの向き合い方編～

第2か条　ジャッジしない・正解を求めない

自分の物差しで善し悪しを決めず、新しい意見を尊重する

自分の物差しだけで善し悪しを判断しない

経験を積み重ねていくと、誰しも「こうした方がよい」「〇〇するのはダメだ」という自分なりの哲学、価値観が身についてくるものです。

自分の考えを持つことは素晴らしいことですが、その物差しだけで他の人をジャッジするのは禁物です。価値観は人によって様々であり、多くの物事にはそ

れ自体に絶対的な善し悪しがあるわけではないからです。

働く場の常識やルールは大きく変わりつつあります。例えば、社会人への入り口である就職活動を例にとってみても、かつては地味な髪色にリクルートスーツが当たり前で、そこからはみ出るのは「良くないこと」でしたよね。でも、今はどうでしょうか。就活生に個性を求める企業も増え、就活生の装いはより多様になりました。

「そんなことは当たり前だ」と感じる方もいるでしょう。しかし、自分の物差しを押し付けないということは、誰にとっても難しいものです。

実際、「幸せなチームづくり7か条」の項目の中で、オーナー(店長)は「やっているつもり」なのに、ビューティーディレクター(スタッフ)はそう受け取っていない差(認識の乖離)が最も大きかったのが、「ジャッジしない・正解を求めない」でした。リーダーにそんなつもりがなくても、メンバーからすると価値観や意見の押し付けと感じるケースも少なくないようです。

こうしたすれ違いを回避するためには、まず、自分の考えや物事に対する反応を少し疑うことから始めましょう。「～すべき」という単語が自分の脳内に浮かんだら、要注意です。「それは何を根拠に？　何のルール？」と自分自身に問いかけます。

日頃から周囲の多様な考えに触れることも大切です。「私は○○と思ったんだけどこれって私だけかな？　人によっては違う？」と周囲に聞いてみると、違う見方があることが分かります（同調バイアスといって、人は無意識に相手に合わせてしまう傾向がありますから、本音で答えてくれているかは要注意です）。

それでもなお、メンバーの考えや言動に違和感があるのであれば、そこは本人と対話をしてみてはどうでしょうか。「普通は○○。だからよくない、直しなさい」と決めつけてしまってはメンバーは納得しないでしょう。

個々の考えの違いを楽しむ

「一人一人が違うのは楽しいこと」。これは、あるポーラショップのオーナーの言葉です。彼女は、チームメンバーが自分にはよく理解できない行動をとったときには、「なぜ、そうするの？」とまず質問するそうです。批判ではないよ、分からなくて興味があるから聞いているんだよという気持ちを、声の調子と表情にこめて。

彼女のように、一人一人の違いを「個性」として受け入れ、楽しむことができれば、リーダーにとっては一見「はみ出た行動」に思えることでも、その背景に純粋な興味がわいてきますよね。結果的にその人の意外な思考や価値観に触れることができて、関係性まで深まるかもしれません。

また、たまにはリーダーという肩書から離れて、職場以外の多様な人のいるコミュニティや習い事に足を運んでみるのもいいでしょう。どんな意見も本人にとっては正解であること、異なる意見が議論を深めることなどを知って、視野を広げる機会になるはずです。

過去の前例にとらわれず、新しい意見を尊重する

実績や経験があるリーダーほど、つい前例や自分の経験を押し付けがちです。

一方で、変化が激しく「こうしておけば大丈夫」という正解がない時代、リーダーが自分の経験や基準だけでマネジメントをし、他の人の意見を封じこめていては、クリエイティブなアイデアは生まれません。

そうならないためには、まずリーダー自身が様々な可能性を頭に入れて、あらゆる声に耳を傾けることが大切です。年下だったり、経験や実績が少なかったりするメンバーの意見も「一理ある」という前提に立ってみると、思わぬ気付きがあるものです。

自分の意見や判断を押し付けがちという自覚がある方は、ぜひはじめの一歩として、意見を出してくれたこと自体に「ありがとう」と感謝を示してみましょう。それだけで、意見の飛び交うチームへ一歩近づくはずです。

第3か条 執着しない・リセットする

相手の反応に一喜一憂せず、いつまでも引きずらない。気持ちを切り替える

ぶつかったり注意したりしても、翌日にはいつも通り接する

チームのリーダーであれば、メンバーとぶつかったり、ときには注意しなければならないこともあるでしょう。

重要なのは、そうした「嫌な時間」の後に、気持ちをリセットすることです。ネガティブな気持ちを引きずったままでいると、メンバーもリーダー自身も疲れてしまうからです。

嫌なことがあっても、翌日には新たな気持ちでチームメンバーに「おはよう」「昨日はお疲れさま」と自分から声をかけてみましょう。

リーダーが自ら意識的に気持ちをリセットして周囲に明るく声をかけること

で、失敗を成長の機会にし、かつ過去の失敗にとらわれすぎない職場風土が育っていくと思います。

ありがとうと言われることを目的にしたり、見返りを求めたりしない

リーダーとして、メンバーをサポートする業務に多く携わっていると、つい「してあげたのに感謝されない」と不満を感じてしまうことがありませんか。頑張ったときこそ、そうした気持ちになりがちですが、そのこだわり・執着が余計に自分を苦しめていることもあります。

そんなときは、状況を一歩引いた視点から眺めて、「今、一番大事なことは何か」「このチームが目指すものは何か」と一度、本来の目的に立ち返ってみることが役に立ちます。そうすれば、「そもそもの行動の目的は『ありがとう』と言われることではない=本来の目的とは違うことに執着していた=気にしなくていい」と切り替えることができるはずです。

「実はどうでもいいこと」にとらわれていた自分に気づき、こだわり・執着をきっぱり手放す。そうすることで、新たな今日にワクワクできる空気を職場に持ち込むのはリーダーの大事な役割です。

気持ちを切り替える自分なりのルーティンを持つ

ここまで、執着しない・リセットすることの大切さについてお伝えしてきました。とはいえ、瞬時に自分の気持ちをコントロールするのは誰にとっても難しいものです。そこで、お勧めしたいのが、「リセットする習慣＝ルーティン」を身につけることです。

ルーティンは、自分の気持ちや身体の状態が整うことなら基本的に何でもよいのですが、できれば簡単にできることがよいでしょう。例えば、毎朝決まった手順でお茶を入れる、短い時間でストレッチをする、簡単な日記をつけるなどです。

さらに「一人でできるルーティンを複数持つ」ことも心がけてみてください。誰かと一緒でなければできないことや、天候などの条件に左右されることひとつだけをルーティンとしてしまうと、その条件がそろわず習慣化することが難しくなるからです。いつでもどこでも実践でき、気持ちをフラットに戻してくれる習慣を持ちましょう。

第4か条

幸せなチームづくり7か条　～メンバーとの向き合い方編～

任せる・委ねる・頼る

全部自分でやろう・仕切ろうとせず、相手を信じて任せる。自分が苦手なことは進んで周囲を頼る

✓ メンバーそれぞれの個性や良いところを探す、見出す

皆さまは、メンバーに仕事を任せるときにどんな言葉をかけていますか？そその仕事をなぜあなたに頼むのか、その理由を語れているでしょうか。

例えば、「○○さんは、きめ細かくチェックをするのが得意だから、全体のスケジュール管理を担当してほしい」「○○さんは、相手の感情を洞察したり配慮したりするのが上手だから、△△のサポートについてもらえませんか」といった感じです。理由の一言もなく役割分担表だけがメールで送られてくるのと、どちらがメンバーのモチベーションが上がるかは一目瞭然でしょう。

人は、仕事を通じて自分の存在意義をどこか感じるものです。そのためには、「あなたに任せる理由」をぜひリーダーの言葉で語ってほしいのです。「年次が一番上だから」とか「○○さんにしか頼めないから」などという理由ではダメです。メンバーの特徴を踏まえた上で理由を伝えれば、「リーダーは自分のことをよく分かってくれている、その上で任せてくれているのだからこの仕事はきっと自分にできるはずだ」と思えることでしょう。

そして、そのような提案をするためには、普段からメンバーの良いところや特徴をしっかり把握していなければなりません。つまり、リーダーとしてメンバーの日々の仕事ぶりをどれだけ見ているか、どれだけ対話を重ねているかが問われるのです。

それでも探すのが難しいという方は、チームで簡単にワークをやってみるのもおすすめです。「これなら任せて！」と思うものは何か、自選・他選で出し合うことで、リーダーが見落としていた各人の良さや得意に気付けることもあります。リーダー一人で全てを見通すことは難しいものです。ぜひチームメンバーの目も借りながら個々の良さを見つけていきましょう。

自分が苦手なことは正直に伝えて、進んで相手を頼る

リーダーという役割を担っていても、誰しも得意分野と苦手分野はあるものです。リーダーはつい「あれもこれも自分が」になりがちですが、自分の苦手や弱みを開示することは、メンバーとの信頼関係を築く上で実は効果的です。特に、しっかり者で隙がないように見られがちな人ほどおすすめです。

なぜなら、あまりに完璧に見えるとメンバーとの距離があきがちになるからです。また、リーダーが頼りがいがあるのはいいことですが、何でもかんでも背負いすぎると、「最後はリーダーが何とかしてくれる」とメンバーは甘えがちになり、全員が責任感を持って目標達成を目指す、強いチームを築くことが難しくなる場合もあります。

人は任せられることで貢献したいと思うものです。そして貢献と幸福度には強い相関があることが幸福学の研究で分かっています。頼り・頼られる、そんな関係性が理想です。リーダー自ら苦手を開示し、メンバーを頼ることで、メンバーの主体性を引き出しましょう。

例えば、「私は提出期限ぎりぎりまで書類を手元に置いてしまいがちなので、早めにリマインドしてもらえると助かる」とか「SNSはあまり使いこなせていないから、今のトレンドをいろいろと教えてほしい」など、ダメなところ、苦手なことを勇気を持ってさらけ出してみます。

メンバーは、完璧だけどいつも余裕がなくピリピリしたリーダーを求めていません。少し肩の力を抜いて、「自分がやらねば、しっかりしなくては」を手放し、リーダー自身が楽になることも意識してみましょう。

一度頼んだことは、介入しすぎず信じて任せる

リーダーは、仕事の難易度やチームの状況、本人のキャリア・成長、様々な観点を持ちながら仕事を割り振る必要があります。ときには、本人にとってチャレンジングな目標やスケールの仕事を任せる場面もあるでしょう。そんなとき、皆さまはどのような関わり方をしていますか？

不安がかさみ、こまめに進捗をチェックし、適宜フォローする、という方もいるでしょう。確かに、経験が少ない人に重要な仕事を任せるのは、勇気がいることです。しかしメンバーの成長には、任され、責任を持たされる過程が欠かせません。都度チェックをし、その時々に指示や是正をしてしまえば、本人にとって

成長の機会が失われることになりかねません。

リーダーが「この人に任せるのは不安だな、大丈夫かな」と思っていると、その不安は相手にも伝わるものです。「私は信頼されていないんだな」と感じ、やる気をなくしてしまうかもしれません。

一度任せると決めたのなら「任せることを決めた自分」を信じてください。その気持ちは相手に伝わり、「任せてくれたのだから頑張ろう」という意欲につながるいい循環が生まれます。「これは○○さんに任せたよ。でも何かあったときはすぐにフォローするから、いつでも言ってね」。そんな風に声をかけてみましょう。

第5か条 経験を教訓にする

自分の行動や経験をきちんと振り返り、そこから学びを引き出す

うまくいかなかった体験は、何がいけなかったのか、どうすればよかったのかを考える

人が一番学び、成長するのは、順風満帆なときよりも失敗や挫折に立ち向かっているとき。だからこそ、失敗に冷静に向き合い、どうすればよかったのかを振り返ることが重要です。

一方で、必要以上に失敗に気持ちが引きずられないようにすることも大切です。人間には、ついネガティブなことばかりに目を向ける本能的な習性があるそうですから、失敗に向き合うときは「いい勉強になった」など、意識的に明るく建設的な受け止め方をするようにしましょう。

また、辛いときに誰かに助けられた経験も貴重です。その感謝を記憶し、その出会いを大切に、「次は自分が誰かにお返ししたい」という気持ちに変えていきましょう。失敗も学びや感謝に変えることができる前向きなリーダーこそ、幸せなチームをつくることができます。

☑ うまくいった体験は、なぜうまくいったのか、大事なことは何かを考える

幸せなチームづくりを実践しているあるオーナーから、こんな話を聞きました。「仕事がうまくいったときも私たちは『反省会』をするんです。とはいえ反省点を探すのは少しで、8割は『なぜうまくいったのか』をみんなで考えて、お互いにたたえ合うことが目的です」。

皆さまのチームは、いかがでしょうか。よかったことを振り返り、具体的に何がよかったのかを共有する時間を持てているでしょうか。真面目で仕事熱心な人ほど、ポジティブな出来事はつい「よかった」だけで流してしまいがちです。し

かし、成功したこと、うれしかったことも意識的に振り返り、しっかりと根拠のある成功体験として整理しておくと、後々何度でも役立つ財産になります。よかったことこそ振り返り、盛大にたたえ合う。ぜひチーム全体で習慣にしていきましょう。

✓ 良い経験も辛い経験も、すべては自分の糧であると捉える

皆さまがこれまでの仕事人生を振り返ったとき、「自分が一番成長したな」と思い起こせる時期やシーンはありますか？　それはいつのことでしょうか。

読書や研修などのインプットの場面を思い浮かべた方もいらっしゃると思いますが、それ以上に、実際に自分が体験・体感した出来事が自分の成長の糧になったと感じる方も多いのではないでしょうか。

人材育成においてよく聞かれる「70：20：10」の法則（ロミンガーの法則）からも、経験の重要性が分かります。アメリカのリーダーシップ研究機関であるロミ

ンガー社が、様々な経営者を対象に、何がリーダーとしての成長に役に立ったのかを調査したところ、「経験」が70%、「他者からの薫陶（フィードバック）」が20%、そして、「研修」は10%であったそうです。経験は、リーダーとしての成長に欠かせないものなのです。

一方で、その経験を単に自分の前を過ぎていく出来事だと捉えていると、成長にはつながりません。大切なのは、その経験を自らの学びに結びつけられるかどうかなのです。

例えば、あなたが怪我をしてしまったとしましょう。その経験自体は大変辛いものですが、一方で、そんな経験をしたからこそ、周囲の人が似たような経験をしたときに、寄り添ってあげることができるかもしれません。お年寄りや妊婦さん、障がいのある方にとって日常生活でどんなものがバリアになりうるのか、初めて気付くかもしれません。その気付きが、今後のあなたの仕事や価値観に影響していくはずです。

良い経験も辛い経験も、それが自分にとってどんな変化や学びをもたらすものだったかに気付くことが大切なのです。難しく考える必要はありません。心が動いた出来事について、その経験を経て考えさせられたことや、自分に起きた変化を家族や友人に話してみるなど、日常的にできることから始めてみましょう。自分の感情や考えを俯瞰し、どうしてそう感じたのか日記に書くなどして後で振り返ってみることも役に立つと思います。

幸せなチームづくり7か条　~リーダー自身のあり方編~

第6か条

相手を変えるのではなく自分が変わる

相手のために自分はどうしたらいいかを考え、想像し、行動する

✓ 相手の立場や状況に立って想像する

もし、あなたのチームに、マイペースでチームの和を乱しているように見える

メンバーがいたらどうしますか。例えば、他のメンバーが自然に助け合っているのに、自分の担当業務しか注力しなかったり、チームのルールを守らなかったりしたらどのように対応しますか。リーダーとして、毅然とした態度で注意しなければと思われるかもしれません。

もちろん、ときにはそうした対応も必要ですが、その前にやっていただきたいのが「相手の立場や状況に立って想像する」ことです。なぜそうした行動をしているのか、相手をよく見て考えるのです。

例えば、自分の担当業務にのみ注力して他のメンバーに力を貸そうとしない行動の背景には、チームの輪に馴染めず、どのように関わったらいいか分からないという気後れがあったり、効率的に仕事ができず自分の担当業務で精一杯な状況があったりするのかもしれません。そのように考えると、毅然とした態度で叱るということ以外にも、もっと多様で根本的な解決策が見えてくるのではないでしょうか。

振り返ってみれば、その人への声かけが足りていなかったと気づくこともあるかもしれませんし、他のメンバーの成長が著しいために、自分に焦りを感じているのかもしれないなど、思い当たることが出てくるはず。

チームワークを乱す態度を頭ごなしに叱責するのではなく、まず「どうしたのだろう？　なぜなのだろう？」と想像すると、案外見えてくるものがあります。相手の立場や状況に立って想像してみた上で、ぜひ本人と対話をしてみてください。きっとそこでまた新たな発見があるはずです。

☑ 自分のふるまいや行動で相手や周囲の行動が変わっていくと捉える

「相手は自分の鏡。こう変わってほしいなと思うことがあれば、まず自分から動くとみんなもつられて動くものです」。これは、幸せなチームづくりを実践しているあるオーナーの言葉です。

「相手は自分の鏡」、そう感じた経験があるリーダーもたくさんいらっしゃるのではないでしょうか。チーム内に限らず、対人関係・コミュニケーションのあらゆる場面においてあてはまるかと思います。こちらがピリピリしていれば相手も緊張しますし、苦手だなと思って距離を取った接し方をしていれば、相手もこちらに距離を取るでしょう。自分がどうふるまうか、それによって相手の動きは変わってくるということです。

例えば、あなたが「職場はきれいに整理整頓した状態を保ってほしい」と思っているとします。ならば、メンバーに「きれいにするように」と口で指示するのではなく、まずはあなた自身が率先して整理整頓をして行動で示すのです。

誰もが完璧ではないのに、つい自分のことは棚に上げて相手が自分の望む通りに行動してほしいと思ってしまうものです。例えば「呼びかけたらこちらに顔を向けて返事をしてほしい」とメンバーに思っていながら、あなた自身が忙しいときはメンバーに呼びかけられてもパソコンから顔を上げずに返事をしているなんてことはありませんか。メンバーに笑顔でいてほしいなら、まずはあなたが笑顔でいること。元気よく挨拶してほしいなら、あなたが元気よく声をかけること。小さなことですが、忙しいリーダーにとってまずはそんなことから意識してみていただくとよいかと思います。

相手に合わせて、自分の関わり方を変える

リーダーになると、「何度も言っているのに、この人はどうして変わらないんだろう？」とやきもきすることもあるかと思います。もちろん、「変わってほしい」という気持ちは当人の成長を願ってのことでしょうし、チームでより高いパフォーマンスを上げたいという目的意識から生まれるものでしょう。ですがまれに「こうあるべき」という価値観のもとに「変わってほしい」と思っていることはありませんか？

メンバーと関わる上で念頭に置いていただきたいのが、「自分と相手は違う」「メンバーはみんなそれぞれ異なる人間だ」ということです。だから、自分の価値観に照らし合わせて相手を変えるのではなく、相手の価値観に合わせて自分の

関わり方を変える必要があります。

円滑な人間関係を築く上でとても当たり前のことのようですが、案外難しかったりします。もし自分の価値観と異なる反応や言動をする場面に出くわしたとしても、すぐに否定や批判をするのではなく、「そんな風に考えるものなのか」と一旦受け止めてみてください。

例えば、メンバーが抱く「認められたい」と思う気持ちにも、何か大きな成果を残して賞賛されたいという場合や、チーム内の後輩から「頼られる先輩」だと思われたいという場合など、時と場合によって様々あるでしょう。何がモチベーションを高めるのか、どんな不安や恐れを抱いているのか、対話を重ねていけば見えてきます。それを元にリーダーが関わり方を変えていけば、きっとメンバーのパフォーマンスが上がり、チーム全体の活性化につながると思います。

第7か条 愛のループを自分から始める

周囲の支えに感謝し、自分も周囲に愛情を持って接する。自分自身に対しても愛情を持つ

☑ 今の自分があるのは、これまで支えてくれた人のおかげという意識を持つ

「今の自分があるのは、これまで支えてくれた人のおかげ」とは、実は、幸せなチームづくりを実践しているオーナーたちへのインタビューで皆さんが口をそろえて言った言葉でした。

前述した通り、ポーラショップのオーナー（店長）、マネージャー（副店長）、ビューティーディレクター（スタッフ）は一般の働く女性に比べて幸福度が高く、中でも幸せ4因子のうち、「ありがとう」因子が突出して高いという調査結果が出ています。

ポーラショップで働くビューティーディレクターの多くは、美容販売経験ゼロからスタートした人たちです。知識やスキルが何もないところから始まって、やがて一人前のビューティーディレクターになり、多くのお客さまに支持されるようになるには、周囲の教えやサポートは欠かせません。だから感謝の心を持った人がとても多い＝「ありがとう」因子が高いということになるのでしょう。

ですが、それはポーラショップ特有のことでしょうか？　どんな業界で働く人たちも、誰の支えもなく今までやってこれたという方はなかなかいないと思います。皆さまも、リーダーになるまでに様々なご経験をされ、失敗や苦労も多く経験されてきたことでしょう。

その過程で一番努力されたのはご自身だと思いますが、きっと自分では気づかなかったところも含めて、支えてくれた人や叱咤してくれた人がいたはずです。もしかしたら嫌いな上司や煩わしかった同僚もいたかもしれませんが、そんな人たちとの関わり合いの中でさえ学ぶことはきっとあったことでしょう。

右も左も分からず、ときには生意気だった新入社員の自分に厳しく関わってくれた上司、叱られた自分をそっとフォローしてくれた先輩、自分の教えに応えてくれた後輩。今の自分があるのは、これまで関わり支えてくれた人たちがいるおかげ。そう思えると、自分も誰かを支えたり力になったりしたいと思うものです。そうした支え合いやつながりを持つことで、自分と周囲に幸せが広がっていくのではないでしょうか。

常に感謝の気持ちを持ち、周囲に伝えている

皆さまは、今日「ありがとう」を何回言いましたか？　メンバーに感謝をどれぐらい伝えられたでしょうか？　感謝する気持ちを持っていても、きちんと伝えていない人が案外多いのではないでしょうか。

「言葉にしないと伝わらない」とはよく言ったもの。ぜひ、日ごろのコミュニケーションの中で感謝の気持ちを伝える癖をつけていきましょう。

例えば、メンバーが散らかっている場所を片付けてくれた、宅配便をかわりに受け取って判を押してくれた。そんなときはもちろん「ありがとう」と言う場面ですね。業務の進捗を報告してくれたときは、「報告をありがとう」「まめに報告してくれて助かるよ」と感謝を伝え、悩んでいることや落ち込んでいることを打ち明けてくれたときには、「話してくれてありがとう」と伝えてみてください。感謝の気持ちを伝えることは、相手の承認欲求を満たし、安心を与えます。

また、日ごろのコミュニケーション以外にも、仕事の区切りのタイミングで(例えば半期が終わったとき、大きなプロジェクトを終えたときなど)、「頑張ってくれてありがとう」と伝えてみてください。リーダー一人ではきっとその仕事は終えられなかったはずです。たとえ思うような結果が出なかったとしても、その期間に励んでくれたメンバーにきちんと感謝の気持ちを伝えましょう。

不思議なもので、「ありがとう」はどれだけ言っても自分がすり減ることはありません。むしろ言い終えた後は気分が清々しくなるものです。感謝の心と愛情はどこか似ています。リーダーの「ありがとう」から愛のループが始まっていくのかもしれません。

見返りを求めるのではなく、与えることに幸せを見出す

「見返りを求めずに与えることで幸せになる」と言われて、なんだか自己犠牲を強いられているように感じる方もいるかもしれません。

家族や恋人、友達との関係に置き換えると分かりやすいでしょうか。例えば、大切な友人や家族のためにお祝いをするのは、ただ「喜ぶ顔が見たい」「楽しく元気に過ごしてほしい」という思いからで、見返りを期待しての行動ではないですよね。そうした純粋な好意は相手にきちんと伝わり、互いの関係をより深めてくれます。

同じことが職場でも言えるのではないでしょうか。あなたのもとで働くメンバーは、仕事仲間であって家族や友人ではありません。でも、メンバーが気持ちよく楽しく働いてくれたら、成長してやりがいを感じてくれたら、そんな思いで

あなたが行動すれば、メンバーには必ず伝わります。

その結果、メンバーから感謝の言葉が返ってきたり、ときには働きすぎなのを心配して体調を気遣われたりすることもあるかもしれません。そうやって「愛」が連鎖していくと、リーダーもうれしいですよね。

一方で、与えるばかりの状態が続くとリーダーであっても疲れてしまいます。誰かに愛を与えるには、まず自分自身を愛で満たす必要があります。自分の心が喜ぶ行動で、こまめにセルフケアをしましょう。「ひとりカラオケ」に行く、休日に昼からビールを飲む、マッサージを受ける、推し活をする、寝る前に「今日もお疲れさま、ありがとう」と自分に声をかけるなど、ちょっとしたことでかまいません。リーダーこそご自愛することを大切にしてみてください。

チームを信じる謙虚なリーダーこそ強い

幸せなチームづくり7か条はいかがだったでしょうか？ 3回の調査を通じて、リーダーがメンバーの声にじっくり耳を傾け、信じて任せること、自らの経験や実績におごらず自らを変えていく柔軟性や謙虚さを持った上でマネジメントに臨むことの重要性が改めて明らかになりました。

そして、それらを実践しているリーダーは成果を出しているということです。とはいえ、幸せなチームづくり7か条は、「頭では分かるけど、現実はなかなかうまくいかない」と思われるものも多いかもしれません。

第5章では実践のためのQ＆A、第6章では7か条を実践して成果を出しているリーダーのインタビューをご紹介します。ぜひ参考にしてみて下さい。

第 5 章

「幸せなチームづくり7か条」実践のためのQ&A

及川美紀　前野マドカ

実際に現場でメンバーと向き合って「幸せなチームづくり7か条」を実践しようとすると、しばしば壁にぶつかるものです。この章では、及川と前野が試行錯誤しながら蓄積した知見からお答えをしていきます。

メンバーが心を開いて話してくれない

Q **言葉が少なく、あまり心を開いてくれないタイプの部下に、どう声をかけたらいいでしょうか？ 対話を盛り上げようと、気づくと自分ばかりが話しています。相手が心を開いてくれる質問や聞き方はありませんか。**

A **「どうしたい？」と対話の主導権を相手に委ねて。チームで話すなら「プロフィールシート」を使うのもおすすめです。**

（及川）

「対話」は、幸せなチームづくりにおいて大変重要であり、心理的安全性を築くための一丁目一番地です。でも、世の中の管理職の多くが「対話」をしているつもりでいつの間にか自分がしゃべっていたりします。かくいう私も「話している うちに思考が深まっていく」タイプなので、対話のはずがついディスカッションになっていたりするため、デスクのよく目に入るところに『LISTEN』(日経BP)という書籍を置いて戒めにしています(笑)。意識しているのは、「どうしたい？」「どう思う？」と対話の主導権を相手に委ねる言葉を使うことです。

ただ残念ながら、これを言えば誰もが心を開いてくれるというような「魔法の質問」はありません。かけるべき言葉は、相手次第、場面次第で変わります。大事なのはその時々の言葉選びよりも、相手との関係をまず築くことです。心理的安全性が確立した関係(リラックスして言いたいことが言える、反対意見を言っても気まずくならない)ができていれば、より実りの多い対話ができます。そのためには日々、小さな対話を重ねることでそうした関係を少しずつ築くことから始めるとよいと思います。

チームメンバーの人数が多い、新しい部署にリーダーとして配属されたなど、まだ知らないメンバーが多い場合には、チーム全員で集まって対話することも有効かもしれません。参加するメンバーが事前に記入したプロフィールシートを紹介し合います。

プロフィールシートの内容は、その人のことを多角的に知るための様々な情報です。例えば、名前の由来、自分を表現したキャッチコピー、自分の得意なことや自慢したいこと。これらはセルフリスペクトの表出そのものです。今やっている仕事とこれからやりたい仕事は、写真で説明してもらいます。「なんでこの写真を選んだの?」と会話が膨らむきっかけになります。

「まずはAさん、次はBさん……」という具合に、時間を区切って順々にメンバー一人一人にスポットを当てていく形です。リーダーはそのメンバーのプロフィールシートを見ながら質問をします。逆にメンバーからリーダーに、日ごろの業務や会社の方針への意見や質問があれば何でも自由にしてもらいます。

一対一のやりとりの間、残りのメンバーは聞き役ですが、対話の中から互いの知らなかった一面や意外な才能を知り、コミュニケーションを深めるきっかけになります。「メンバーの意外な面を知り、互いへの理解が深まった」という声が聞けるはずです。

正直、チームメンバーに恵まれていない

Q　メンバーの顔ぶれと日々のふるまいを見ていると、「幸せなチーム」など夢物語のように思えてきます。自分に出来ることなどあるでしょうか。

A　メンバーを変えるには、まずリーダーが変わること。大切なのはみんなを信じること、信じていることを繰り返し伝えることです。

（前野）

相手は自分の鏡。「幸せなチームづくり7か条」のひとつ、「相手を変えるのではなく自分が変わる」の通り、メンバーに変わってほしいと思うなら、まずリーダーが気持ちと接し方を変えることが必要です。

リーダーの心構えとして大事なのは、「性善説」に立つことです。チームに協力的でないメンバーも実は今、それなりの事情があってそうできないだけのことと考えることです。人は誰もが、それぞれ個性的な価値と能力を持っています。本当はいい仕事をしたい、みんなの役に立ちたいと思っていますし、能力を発揮する機会さえ与えられればできる人ばかりなのです。ですから、今不十分だと思

っていても、相手の「伸び代」を信じて向き合い続ける忍耐力が必要となってきます。

まずは、メンバーのすでにできているところ、強みもしくは共通点を認め、それを肯定的な言葉で伝え、応援します。こんなところがすごいねと理由も述べて認める。言葉と態度で示します。これを辛抱強く続ければ、いずれはきっと伝わります。

「仲良しチーム」に成長はあるか？

Q 仕事の場での「チーム」づくりが大切と言いますが成長のない仲良しチームではリーダーとして困ってしまいます。

A 軋轢を避けて妥協するのではなく、「健全ないざこざ」を起こせるのが本当のチーム。そんな自由な空気が生産性を向上させ、イノベーションを生み出すことが期待できます。

（及川）

どれだけ能力が高くても一人がやれることはたかが知れています。幸せな人は成果を出しますが、幸せなチームはもっと成果を出すことができます。異なる個性が集まって幸せなチームをつくることの効果は、今回のポーラ幸せ研究所の調査でも明らかになった通りです。

その際大事なのが、みんなが余計な気を遣わずに「健全ないざこざ」を起こせることです。少しくらい意見が衝突しても円満な人間関係を保てるかが、本当に意味のあるチームか否かを分ける条件と言えるでしょう。

メンバー同士が互いに認め合う関係ができていないと、誰かの意見に疑問を感じても「それ、違うんじゃない？」の一言が言えません。軋轢を恐れて、ほどほどのところで妥協してしまいます。みんなの話がまとまりかけたところに異なるアイデアが浮かんでも、「今さら私なんかが言ったって」と、口をつぐんでしまったりします。もしかしたらその一言は、画期的な成果につながる「キラーパス」かもしれないのに、です。

一度は意見が対立しても、ひとたびチームとしての意思が決まれば、反対していた人も力を合わせてアクションに高めていける。そんなチーム力こそが、一人一人の持てる能力を最大限に発揮させ、ときには業績を大いに向上させるイノベーションを生み出すのです。

「ほめるばかり」で本当にいいのか？

Q「ほめれば人は伸びる」とよく言われます。「幸せなチームづくり7か条」の根っこにもそうした考え方があるように思いますが、ほめるばかりでいいのでしょうか？

A「よく思われたい」という下心は相手に伝わります。ほめるべきときにほめてこそ、メンバーの意欲が上がり、チームへの帰属意識も高まります。（及川）

私が30代半ばで課長昇格試験に合格直後、ある地域を統括するエリアマネージャーとなったときの体験が役に立ちそうです。それまで全国でほぼ最下位だったその地域の売上が、半年後に一気にベスト10に入り、「みんな頑張ってくれて素晴らしい」とほめまくっていました。でも、実はメンバー本来の力量からしたらトップを目指せるはず。もの足りない数字でした。なのに安易にほめてしまったのは、自分が昇進したことでこの間まで先輩だった人が部下になったりする環境で、嫌われることを恐れる気持ちがあったからです。

上司にその甘さを指摘され、猛反省。メンバーに「皆さんの実力ならこれくらいは行けるはずです」と宣言し、「そのためにはどうしたらいいと思いますか？」と問いかけました。私の手元では計画をつくり、細かに目標数字を設定して進捗状況を確認することで、達成に導く工夫はしましたが、その数字をメンバーに見せたり、「こうしなさい」と指示したりすることは一切しませんでした。できると信じることに決めたからです。

当初は「無理な目標を掲げている」と反発もありましたが、メンバーが自ら決めた目標とやり方で数字をクリアすると、達成感も大きい。「社内で私たちすごいって言われているよ」と伝えたとき、みんなが喜んだ姿は忘れられません。

リーダーがチームの可能性を信じて任せ、実力に見合った目標を達成したときこそ思い切りほめる。それによってメンバーの力量がグンと伸びますし、互いの信頼関係が深まるのも、そういうタイミングだと思います。

「できる人」が集まらない組織はどうする？

Q 規模の小さな会社には、優秀な人などそうそう来てくれません。集まるのはいかにも頼りない人ばかりです。できる人を呼び寄せるには？

A 人は「ないこと」「できないこと」ばかりに注目しがちです。今いる人の「いいところ」「できること」を探して、能力開発をしてください。（前野）

チームビルディングができていない組織ほど、メンバー一人一人の能力と価値を見過ごしているものです。人は放っておくと「ないこと」「足りないこと」「できないこと」のような、ネガティブな側面にばかり注目します。「幸せなチームづくり7か条」の「ジャッジしない・正解を求めない」「任せる・委ねる・頼る」が大事です。意識的にポジティブな部分を見るようにしましょう。

基本となるのが、メンバーと「対話する・目をつむらない」ことです。時間をたっぷり取って一人一人と向き合い、「いいところ探し」をします。相手の好きなこと、得意なこと、やりたいことを聞く。そのうちに何かできそうなことが見えてきたら、そのスキルを伸ばすことを考えます。
最初は仕事のごく一部でも、できることを任せるのでもよいのです。小さな責任を負ってもらうのは、主体性とスキルを強化するいい方法です。またあなたが経営者であれば、社員がリスキリング（学び直し）をできる環境を整えることを考えてみてください。「スキルに乏しい」と見える人の多くは、能力開発のチャンスを与えられてこなかっただけなのです。

1on1ミーティングの意義が分からない

Q **部下との定期的な1on1ミーティングが推奨されたのですが、これまでの評価面談との違いが分かりません。チームビルディングについても「誰々についてどう思う？」と意見を聞き、なだめたり励ましたりするのがせいぜいです。**

A **1on1ミーティングはメンバーのための時間。新たな人間的魅力を見つけるつもりで、徹底的に話を聴いて。**

（及川）

1on1ミーティングの最大の目的は部下のモチベーションを上げること。そのためにリーダーが聞くべきことは、今どういう気持ちで仕事に向き合っているか、これからどんなことをやりたいと思っているかです。

部下にすれば上司との面談ですから、来期に向けての目標などを聞かれるのだろうと予防線を張ってやってきます。「今の私の課題は○○です」なんて答えを用意してきています。そんなとき、「そういう話じゃなくて、今、困っていることある？」と問いかけてみてください。

もし、「○○さんが仕事をしなくて困っています」なんて言われたら、「どうしてだと思う？」と聞きます。幸せなチームづくり7か条の、「ジャッジしない・正解を求めない」「任せる・委ねる・頼る」です。部下が次にすべきアクションは、部下自身が知っていると信じて、委ねるのです。

自分（リーダー）と相手（部下）自身の関係に溝がある場合は、1on1ミーティングを「相手のチャーミングなところ」と出会う時間にするのもいいですよ。普段、批判的なことばかり言う相手が、自分と同じ漫画が好きだなんて共通点が見つかるかもしれません。

くれぐれも「その人の成長につなげ、いいチームをつくるきっかけにしよう」などと意気込まないこと。相手のために相手と向き合う時間にしてください。

自分をウェルビーイングな状態にするには？

Q リーダーでいることが、時々辛くなります。みんなには元気な笑顔を見せなきゃと思うのですが、難しいときも多いです。

A 自分自身が幸せでないと、人に優しくし、愛情を届けることはできません。リーダーは特に、自分を整える方法を見つけておくことが大事です。（前野）

リーダーがメンバーと向き合うとき、まず大事なのは笑顔、そして優しくポジティブな声がけです。声のトーンも大切です。「おはよう」の一言を口にするときも、できれば「みんなに会えてよかった」と思いながら、その気持ちが伝わるように心がけたいものです。なぜなら自分が発する言葉はメンバーだけでなく、自分自身が一番近くで聞いていて、無意識のうちに影響されるからです。日常的にポジティブな言葉を選ぶことで、自分で自分を明るい気持ちにすることができます。

とは言っても、そうしたリーダーとしてのふるまいが、義務感や我慢によって支えられているのだったらよくない状態です。そのうちエネルギーが枯渇してしまいます。そうならないために、リーダーは誰よりも先に、自分自身を幸せな状態に「整える」必要があるのです。

自分を整えるための引き出しをいくつも持ちましょう。音楽を聴く、散歩する、何かを食べたり飲んだりする、お風呂にゆっくりつかる……。できれば「一人でも」「思いついたらすぐ」できて、心の底から楽しくなることをたくさん見つけて、こまめに自分をメンテナンスしてあげてください。

第6章

幸せで成果を出す
リーダー4人がやっていること・やらないこと

自身とメンバーが幸せに働き、
かつ仕事で成果を出すチームのリーダーは
日々どのようなマネジメントを行っているのでしょうか？
「幸せなチームづくり7カ条」を実践している
ポーラショップのオーナー4人のケーススタディを紹介します。

誰かのために頑張ることで実力以上の力が出る気がします

CASE 1

吉田 愛美 オーナー
（仮名）

ショップの所在地	関東地方
年齢	30代
ポーラ歴	17年
ショップ月商	約380万円
人生満足度	27点（35点満点）
ショップのスタッフ数	6人

家族構成

夫、子ども2人の4人家族

好きな言葉

「大変なときは、大きく変わるとき」

幸せを感じる瞬間

同じ毎日を送れること。私のことを必要としてくれる人がいること。名前を呼んでもらえること。自分を好きでいられること。「ありがとう」を言われるとき。やりたい事があること。明日を楽しみに感じるとき

好きな有名人

YUKI

吉田愛美オーナーのポーラショップの特徴

来店者数は県内のポーラショップでトップ、スタッフ（ビューティーディレクター）の離職数は過去3年半にわたりゼロと、お客さまにもチームのメンバーにも愛されているショップです。「ゴッドハンド」という口コミが広がるほど高い技術力と、「癒される」「心のコリまでほぐれた」とのご感想をいただくサービスで、肌・心・からだのトータルでお客さまをケアしています。

吉田オーナーが目指すのは、「お客さまがパワーチャージできる場所」であること。チームマネジメントにおいては、「一人でやれることは一人でやる。できないことはフォローしあう」、そんな自律と助け合いの両立を意識しています。

「チームで働く」ことの楽しさをみんなに味わってほしい

ポーラショップのスタッフであるビューティーディレクターから、店長であるオーナーになるためには様々な認定条件があります。それらをクリアしてオーナーを目指そうと決めたのは、「チームをつくりたい」と思ったからです。

仲間のために頑張ろうという気持ちになると、自分が思っている以上の力が出るタイプです。みんなと一緒に喜び合いたいという気持ちになるからかもしれません。何よりチームで働くのは楽しい。みんなにそれを味わってほしいと思っています。

自分にしかできないことがある、自分には責任があると思えるときに、私は幸せを感じます。一方で、自分ができないことを誰かがやってくれたときに心から「ありがとう」と言えるのは、毎日生きがいや、やりがいを感じながら仕事を楽しんでいるからだと思います。

だから私も**メンバーみんなのことを知って、それぞれの「自分にしかできないこ**

と」を増やしてあげたいのです。新人で、まだできることが少ないスタッフもいますが、一緒にその人の可能性を見つけて伸ばせるような関わり方を心がけています。

「言わなくても分かる」はNG お礼や感謝は言葉にして相手の目を見て伝えます

メンバーとはお礼や感謝の気持ちをしっかり伝え合うことを大切にしています。思っていることは、相手の目を見て、言葉にすることが大事です。**「言わなくても分かるだろう」なんて思っていると、そこから誤解が生まれて、距離が開いたり嫌われたりということにすらなりかねません。**

チームの中で常に互いへの感謝の気持ちを忘れたくないという強い思いの原点は、17年前に私をポーラショップで働くことに誘ってくださった上司との出会いです。当時、様々なことで自信を失っていた私を何かにつけて元気づけてくれました。感謝の言葉と共に「あなたのこういういいところをもっと生かした方がいい」と背中を押してくれて、こんな私でもみんなの役に立てるんだと初めて気づかされました。「ありがたい」というそのときの気持ちが、今も心の底にあります。

収入が上がれば幸せ、そんな思い込みを覆されました

オーナーとして仕事をする中で思い知ったのは、考え方や価値観は人それぞれだということです。私はみんなが収入のために働いているのだと思っていたので、1か月の売上がもうすぐミリオン(100万円超)に届くまでになったスタッフが「辞めたい」と言い出したときにはびっくりしました。

収入が上がれば幸せとは限らない。お客さまと会話してぴったりの製品をおすすめすることに働く醍醐味を感じる人もいれば、話すのは苦手だけどエステや肌の分析といった得意分野にこだわりを持つ人もいます。みんなが自分とは違うからこそ、**どんなときにやりがいや幸せを感じているのか、スタッフそれぞれの立場になって考えることがとても大事**だと思うようになりました。チームのリーダーがそんな風に心がけていると、お互いに相手への想像力が働くようになってメンバー同士

の気持ちのつながりが強くなり、自然にチームワークが良くなっていきます。

仕事を任せるために、「指示」ではなく「質問をする」ことを意識しています

出産して仕事をセーブしなければならなかったときに痛感したのは、仕事を人に任せることの難しさです。自分が動いてやってしまえば早いのにそれができない。「こうやってほしい」と言ってもうまく伝わらないことに戸惑いました。振り返ってみると当時は、自分の中で勝手に「正解」を決めていて、それに合わせてメンバーをどう動かすかを考えていたんです。

正解は一つじゃない。それぞれのやり方でいい。それに気づいてからは、みんなを頼ることにしました。例えば、エステを予約くださったお客さまへの接客をお願いする際、スタッフに事細かに指示をするのではなく、質問をするようになりました。「今日、お客さまはどういう気持ちでいらっしゃると思う?」「どういう準備をしておいたら喜んでいただけると思う?」などです。同時になぜそう考えるのかという

Madoka's Voice

互いの気持ちが通い合うメンバーとの関係性がうかがえます。人間として一対一で向き合うことの大切さを深く理解されていること、対話から自身も気付きや学びを得ようという姿勢が、幸せなチームづくりにつながっていますね。

理由も聞くようにしました。そうしたやりとりを重ねるうちに、スタッフがお客さまに向かう意識が変わってきたように思います。私の方も**みんなの考えを聞いて新鮮な気付きを得たり、ほめてあげたくなったりすることがどんどん増えています。**

「どうしてポーラに入ったの？」一人一人とじっくり話します

みんなが個性的で考え方も違うことを意識するようになると、メンバー一人一人をもっとちゃんと知りたいと思うようになりました。月の売り上げがミリオン直前までいく活躍をしていたのに辞めたいと申し出たスタッフとも、かなり深く話し合いました。結局、引き留めることはできなかったのですが、辞めるならなおさら本音が聞けると思って、どうしてポーラショップで働くことにしたのか、私をリーダーとしてどう感じていたかなどを一つ一つ質問しました。本音で語り合ったことは、私にたくさんの学びをくれた、大切な経験です。

極度の人見知りだからこそ できるチームビルディングがあります

CASE 2

松本 めぐみオーナー
(仮名)

ショップの所在地	関東地方
年齢	40代
ポーラ歴	20年
ショップ月商	約350万円
人生満足度	32点(35点満点)
ショップのスタッフ数	10人

家族構成

去年、子どもたち(2人)が自立し、夫と二人暮らし。もうすぐ初孫

好きな言葉

「うれしい、楽しい、美しい、毎日」
「人は城、人は石垣、人は堀、情けは味方、仇は敵なり」

幸せを感じる瞬間

愛を込めて「おはよう」と言える人たちと共にある日々。どの一コマもかけがえのない宝物

好きな有名人

武井壮、樹木希林

松本めぐみオーナーのポーラショップの特徴

オープンから20年、その間、結婚や出産を経てずっと通い続けられるお客さまも多くいらっしゃる地元の人気店です。松本オーナーが大切にしているのが、一人でも多くの方に「うれしい、楽しい、美しい、毎日」を届けたいということ。お客さまからは、「ここに来れば元気になれるからパワーチャージさせてください!」「何もなくても会いに来ていいですか?」などの言葉が寄せられています。そんな満足度の高いサービスを提供するために意識しているのが、マネージャー(副店長)やスタッフにまず、「うれしい、楽しい、美しい、毎日」を送ってもらうことだと言います。

もし自分が相手の立場だったら？
そう考えると関わり方が変わります

メンバーと接するときにいつも意識しているのは、「自分が同じことをされたらうれしいか、嫌か」です。例えば、**みんなの前で注意されて指示されるのは、自分がとても嫌なので、しません。頭ごなしに注意したら相手は不愉快な気分になるし、周りの人も気まずくなりますよね。だから、二人きりになったタイミングで声をかけます。**そのときも「こうしなさい」ではなく、「私はこう思うけど、あなたはどう？」のように、問いかける形にします。

みんながチームに溶け込めるように配慮するのも、私が極度の人見知りだからです。特に新人スタッフを迎えるときは、私自身がポーラショップに入ったとき、当時のオーナーやメンバーのどういう接し方がうれしかったかを思い出して考えます。

「こうあってほしい」という型にはめない。可能性を最優先します

多くのリーダーが通る道だと思うのですが、「その人のため」と思って言葉をかけたのに自分の思い通りにはならなくて、むしろ溝ができてしまう、ということがあります。なぜそうなるかというと、相手が「こうありたいと思っている姿」ではなく、「リーダーが望んでいる未来」にその人をはめ込もうとしているから。それでは「幸せなチームづくり」からはほど遠いと思います。

自分の思う通りに人を動かすという考え方ではなく、私は自分の方が相手に合わせて動くことを考えてみます。リーダーだからと私の判断でメンバーの意見を否定しないようにもしています。前例や経験を持ちだして、「そんなのは無理」と決めつけません。メンバーの可能性を伸ばすことを最優先します。

「マインドセット」ではなく「マインドスタイリング」がいい

私のショップでは、ミーティングのときも雑談をしているときも、「メンバーの心がそろっているな」「判断、決断の軸が同じだな」と感じます。単なる仲良しチームではありません。目標に向けて「まだまだレベルアップが足りない」「働き方をこう変えたい」などみんなで意見を交わします。そうした議論がお互いに安心してできるのは、日ごろの濃いコミュニケーションのおかげです。

だからこそ、コロナ禍でなかなか顔を合わせられない時期には困りました。ちょうど新人スタッフが3人も入ってくれたのですが、長い間、メンバーに会えないと不安が募るばかりです。

そこで月2回、チーム全員が集まる機会を設けることにしました。要は話し合いの場なのですが、モットーは「マインドスタイリング」。**こうあらねば、と決めつける「マインドセット」ではなく、一人一人の考えや思いを確認していく「マイ**

ンドスタイリング」なら「その人の良さを生かす」感じになりますよね。

親の介護、子育て……全ての経験と人が私の「先生」

出会う人も経験も「全部が先生」だと私は思っています。だから毎日を大事にしたい。辛い出来事も含めて、経験のすべてが大事です。

特に学びが多かったのは、親の介護に直面したときです。プレッシャーのせいか、いつの間にか「こうでなければいけない」「こうあるべき」という狭苦しい考え方で、自分と周囲の人たちを縛っていました。あのころの自分は忘れてはいけない反面教師です。

子どもにもよく教えられます。**「なんでお母さんがダメって言うことばっかりするの？」と注意したときに返ってきたのは、「なんでお母さんは、私がやりたいことばかりダメって言うの？」という言葉**。思うところがあるのはお互いさまなのだと、改めて気づかされました。

Madoka's Voice

ご自身が人見知りだからこそ相手を理解して行動されている様々なノウハウがとても実践的です。大事なことほど一対一で、「あなたが大切だからこそ伝えたい」という想いを、雰囲気や視線で伝えることで互いの理解と幸福度が高まります。

受け取った幸せに執着せず、次の誰かに渡します

私は毎日、「今日」が一番幸せです。昨日も幸せだったけど今日はもっと幸せ。心の柔軟性が高いおかげかもしれません。

根っこにあるのは、幸せに決まった形はないという思いです。後悔しようと思えば何でも後悔の種になりますし、どんなことにだって感謝の気持ちを持つことはできる。結局、自分次第です。

また、受けとった幸せは次の誰かに渡すことを意識しています。

「ありがとう」と言われたら、「どういたしまして」と返したときが一番幸せです。そこで止まらずに、今度は自分が誰かに「ありがとう」を言える機会を探そうと思っています。

チームメンバーが実の子と同じくらい愛おしい

CASE 3

石川 佳奈オーナー
（仮名）

ショップの所在地	四国地方
年齢	50代
ポーラ歴	15年
ショップ月商	約320万円
人生満足度	34点（35点満点）
ショップのスタッフ数	6人

家族構成

夫、子ども3人の5人家族（子ども二人は県外在住）

好きな言葉

「生涯現役、人生楽しむ」

幸せを感じる瞬間

仕事面ではスタッフの成長、活躍、日々の笑顔を見るとき。スタッフから「うちの店を日本一の人気店にしましょう」と言われるとき。ショップがお客さまやスタッフの笑顔で一日中大にぎわいなとき

好きな有名人

デヴィ夫人、松下幸之助

石川 佳奈オーナーのポーラショップの特徴

県内のポーラショップで最も来店客数が多く、地元のお客さまに愛されています。お客さまが「赤ちゃんが産まれました」というご報告をくださったり、「旅行に行っていたのでお土産をどうぞ」「ショップにお花を飾ってください」とお裾分けをくださったりと、スタッフとお客さまとの結びつきが深いショップです。

石川オーナーがチームマネジメントで大切にしているのは、ビューティーディレクター一人一人の自主性を尊重すること。地域の皆さまから「スタッフの皆さんはいつも感じよく挨拶をしてくれますね」「本当にいい人材が集まっていますね」とたびたび声をかけていただき、チームの幸せ度の高さを実感する日々だと言います。

誰もが持っている「光る部分」を探して・認めて・伸ばします

幸せなチームづくりに絶対欠かせないのは、リーダーがメンバーの長所や得意なことを探して認めることだと思います。「自分はチームの役に立っていない」と引け目を感じている人をそのまま放っておいてはダメ。誰でも光る部分があります。**それぞれの個性が生きる仕事を見つけて割り振るのはリーダーの役割**です。

例えば私のショップの場合、店内のディスプレイや営業用のインスタグラムの運用をスタッフに頼んだら見事にこなしてくれました。本人が「私は仕事ができない」と思い込んでしまうのは、きっかけがないだけなのです。話すのが苦手で大人しい子は、案の定、読解力が高い子でした。私はマニュアルを読めないたちなので、読んでもらって機械の操作をお願いしたら、これも正解。「あなたがいなかったらできなかった。助かったよ」と伝えました。

長所を認められると、人としての自信がついてくるのか、自分の考えやアイデアを発信するようになります。いつもみんなに「どんどん調子に乗りなさい」と言っています。

愛があるから、メンバーが「どういう人か」をよく観察します

普段からメンバーをよく観察するようにしています。長所はもちろん、好きなものは何か、どういうときに機嫌がいいか、何を言われると気を悪くするか……。要は「どういう人か」ということです。家庭のことなどもなるべく把握するように心がけています。**知らないと気に障るような態度も、事情が分かっていると理解できたりしますから。**

その人に何か伝えたいことがあるときは、その日の相手の調子次第で、アプローチを控えたりすることもあります。朝、「おはよう」を言い合う時点で、みんなの調子は分かります。

私にとってチームのメンバーは、自分の子どもと同じくらい愛おしい存在です。実の子どもとどちらを取るかと言われたら、本気で迷うくらいです。誰かが辛く暗い気持ちでいるのは耐えられません。

リーダーの感情や意識、行動が自然とその店のカラーをつくっていく

スタッフともお客さまとも深く関わる中でつくづく思うのは、相手は自分の鏡だということです。こちらが笑えば相手も笑うし、怒れば相手も嫌な気持ちになりますよね。自分がうれしい、楽しい、ワクワクする、やりがいを感じる……という状態だと、相手にもいい影響が伝わる気がします。自分がしっかり意識して行動していると、メンバーにもその意識が伝わって、それがそのショップのカラーになっていくという実感があります。

だから自分の感情をプラスの方向にコントロールするように気をつけています。嫌なことが起きても、その日のことはその日のうちにリセットして引きずり

ません。**翌日、こちらがモヤモヤを断ち切るように「昨日はお疲れ！」と声をかければ、相手も何もなかったように接してくれます。**

相手も自分も嫌な思いをしない
よりよい伝え方を日々学んでいます

毎日が研究です。**こういう風に自分を変えたら、相手も自分も嫌な思いをしないですむということが、だんだん分かってきました。**人に言われたことも、その都度、参考にしています。

例えば以前に夫が言ってくれたことも大切に心に留めています。「人にモノを頼むときは、ただ『アレしてコレして』じゃいけない。『私はできないから、お願いできないかな』と言われれば、こちらも気持ちよくできるよ」。当時の私には目から鱗でした。

毎日の入浴タイムが憩いと反省の時間です。あんまり幸せすぎると自分が見えなくなるタイプなので、そこも要警戒です。ワンマンになっていないか、みんなが嫌な思いをしていないかと、振り返ります。

Madoka's Voice

「相手は自分の鏡」。その通りです。「この人とは合わない」と思っていると相手にそれが伝わります。初めての人に会うときは「この人はいい人」と思い込むと、表情も声も柔らかくなって相手にいい印象が与えます。よりよい伝え方を日々実践していくことが大切ですね。

一人の成長が次の一人の成長に。助け合うことで力が伸びていく

私はもともとは人付き合いが苦手な一匹狼タイプでした。自分一人の力の儚さ、脆さを知ったのは、ポーラの仕事を始めてからのことです。特に**オーナーになってから、人に手伝ってもらわないと、自分の力を生かすことも楽しむこともできないことがよく分かりました。**

チームをつくって頑張っているとどんどん欲が出てきます。一人一人の成長と可能性が見えてきます。

成長したメンバーが新しい仲間を呼び寄せてその人がまた成長するという連鎖をもっと広げたいと思っています。

自分を大事にすることは チームづくりの大前提だと思います

CASE 4

福田 早織オーナー
（仮名）

ショップの所在地	中国地方
年齢	50代
ポーラ歴	24年
ショップ月商	約150万円
人生満足度	28点（35点満点）
ショップのスタッフ数	4人

家族構成

娘と二人暮らし

好きな言葉

「自分を大切に。人を大切に。

今を大切に」

「和顔愛語」

幸せを感じる瞬間

日々たくさんの幸せを感じています。今、元気に過ごせていること。おいしいものを食べているとき。お風呂にゆっくり入っているとき。お客さまからありがとうと言っていただいたとき。周囲の人が笑顔になったとき。人の役に立ったときなど、日常で幸せを感じるときはたくさんあります

福田 早織オーナーのポーラショップの特徴

20代から50代まで個性豊かなメンバーで運営するアットホームな雰囲気のお店です。その温かさと安心感が地域のお客さまに支持され、リピート顧客の多さは、県内トップクラスを誇ります。福田オーナーが目指すのは、「ずっと永くお付き合いいただけるよう、人と人とのつながりを大切にし、お客さま一人一人に合わせた接客」。メンバーが協力し合って、「キレイ」はもちろん、「楽しかった」「リフレッシュできた」と言ってもらえる店づくりを頑張っています。お客さまからは「いつも笑顔で迎えてくれてほっとする」「親身に話を聞いてくれ元気がもらえる」「私の肌のことをよく分かってくれている」などのお声が寄せられています。お客さまの笑顔とありがとうの言葉に元気をもらい、幸せを感じながら頑張る日々だと言います。

「正解はコレ」と相手に押し付けた過去の苦い経験から学びました

一方的に指示を出してメンバーを追い詰めたことがありました。そのとき学んだのは、一人一人の考え方を尊重することの大切さです。**自分のやり方が正しいのだからと押し付けてはうまくいかない**と、心に刻みました。

「正解はコレ」と決めつけることの誤りは、子どもの不登校に悩んだときにも痛感したことです。学校に行くのが当たり前と思っているから、不登校はよくないことのように思ってしまいますが、学校に行きたくない子どもがいるのはむしろ自然なことです。子どもは何も悪くないんだと気づいて、楽になりました。

各々の個性を認めて、みんなで一緒につくっていくという気持ちが、チームには必要です。自分には理解できない行動だからと否定するのはもちろん、目をつむって我慢するのも考えもの。目をつむるのは、認めていないということです。

理解できない部分もあるけど、それもまた個性的でいいよねと思うようにして

から、人間関係がよくなったと思います。

自分を好きになって大事にすると楽しい気持ちが自然にあふれてきます

自分を大事にすることは、生きていく上でとても重要なことです。チームづくりの大前提でもあると思います。だからみんなに「まず自分のことを好きになろう」と言うんです。自分を好きになって自分を大事にしていると、楽しい気持ちが自然にあふれてきます。周りの人も楽しくなります。

注意したいのは、自分で自分を縛ってしまうことです。私自身、オーナー（店長）になったばかりのころは、プレッシャーを感じ、「リーダーなのだからちゃんとしなきゃ」と自分を追い込んだことがあります。朝から晩まで頑張りすぎて体調を崩した経験が一つの転機になり、**仕事は自分の体を犠牲にしてまで成功させなくてもいいことだよね、と気づくことができました。**今は、趣味を楽しんだりして、自分をいたわる時間をつくることを心がけています。

「やらされている」→「やってみよう」に切り替え、プレッシャーをほぐす

「やらされている感」で働いている間は、仕事に幸せを感じられません。大事なのは自分の意思で働くこと。周りがおせっかいを焼きすぎるのは禁物です。私はつい出しゃばる性格を自覚しているので、できるだけメンバーに任せて、仕事ぶりを引いて見るようにしています。そのせいか、みんなのびのびと仕事を楽しんでくれています。

自分の仕事に責任を負うことはとても大事です。でも責任を感じすぎるとプレッシャーがかかり、「私が何とかしなきゃいけない」と思ってしまいかねません。その状態のままで放っておくと、誰かにお尻を叩かれているような義務感に縛られたりします。そんなときには「**誰かにやらされているんじゃない。自分から（主体的に）何とかしよう、やってみよう**」と考えるんです。それだけでだいぶ気持ちが変わります。

無愛想な人＝嫌な人とは限らない 人間観察を重ねることで分かってきます

私は、「自分が今、何をしたいかよく考えなさい」と教えられてきました。それは確かにそうなのですが、人といい関係を築くには、相手の思いを想像することも同じくらい大事だと思います。

例えば、相手が無愛想な態度だと、嫌な性格な人だとか、嫌われているんじゃないかとか、つい勘ぐってしまいます。でも少し視野を広げてその人の内面に考えをめぐらせると、「今日はたまたま何か嫌なことがあって、落ち込んでいるのかもしれない」などという可能性に気づきます。こういう**人間観察の引き出しが増えるほど、メンバーのこともお客さまのことも理解できるようになって、ストレスも減りました。**

Madoka's Voice

リーダーが仕事の完璧さにこだわるのは逆効果。自分を犠牲にして頑張りすぎると、かえってメンバーにプレッシャーを与えることにもなりかねません。幸せになるルーティンを持ち、笑顔でいることで、メンバーの意欲も高めていることが伝わってきました。

ちょっとした辛いことがあったときこそ幸せのスイッチを入れます

人の幸福感は理屈ではなく、幸せのスイッチが入っているかどうかで決まると思います。今の私はちょっとしたことで幸せを感じられます。経験を重ねたおかげかもしれません。辛いことがあっても、「来たぞ来たぞ！　さて、どう解決しようか」なんて思えるんです。

カギはポジティブ思考でしょうか。自分のイメージが未来をつくるという実感があります。「いつも笑えているかをチェックして、笑えることを探す」「うまくいかないことが多いときはネガティブな気持ちをリセットするために体を動かす、人に会う」。お世話になった方々にいただいたそういうアドバイスも、チームづくりの糧になっていると思います。

幸せ第一の社会へ

EVOL株式会社 代表取締役CEO
ポーラ幸せ研究所 アドバイザー
前野マドカ

ここまで読んでくださった皆さまに心から感謝いたします。

この夏、私はカナダ・バンクーバーで行われた国際ポジティブ心理学協会(IPPA)世界大会に出席してきました。会場は、幸福や喜びにフォーカスする心理学の研究者や、コーチング、コンサルティングに関わる参加者たちの活気であふれていました。オックスフォード大学とハーバード大学の研究者がアメリカの上場企業を対象に行った調査で「従業員が幸せな企業ほど業績が良く、株価、企業価値も高い」という結果が出たと発表する講演に、多くの人が耳を傾けていました。

日本でも企業の人的資本投資やウェルビーイングへの関心は、急速にそして確実に高まっています。働く人の「幸せ」が「成果」につながることを、研究者たちが語り、実践する例がどんどんと増えています。

こうしたタイミングで、本書を及川美紀さんと共に執筆し、皆さまにお届けできたことを大変意義深く、また喜ばしく感じています。

なぜなら、幸福学の研究者として、ポーラという会社に、日本だけでなく、世界を幸せにするキープレイヤーとしての可能性を感じているからです。

10代から90代、100歳を超えるビューティーディレクターが、日本のあちこちのポーラショップでイキイキと活躍されていることがまず素晴らしいと思います。誰かの役に立てること、それによって自分の存在意義を感じることは、人の幸せの根本条件です。何歳であっても、それを可能にする環境をつくり、さらに磨き上げる企業姿勢は実に先進的です。

そして日本中に約2700店あるポーラショップで働くビューティーディレクターたちと、お客さま、地域の皆さまとの強い結びつきを表すエピソードは感動的でした。

あるビューティーディレクターは、長年のお付き合いのあるお客さまから「亡くなったときには、死に化粧を施してほしい」とお願いされるまでの仲で、やがてその約束を守る日を迎えたそうです。離れて暮らすご家族のために、最期にとびきりきれいな姿を見せて旅立ちたいというご本人のお気持ち、そのお顔をご覧になるご家族のお気持ち、その姿を見守るビューティーディレクターの背中を想像すると、涙があふれてきます。

お客さまの肌に触れ、美容を通じてその方の人生に寄り添う中で、ビジネスを超えた、人と人との豊かな関係が育まれていることに、大きな価値を感じます。

どうしたらそんな温かな組織をつくれるのでしょうか？　根底にあるのが「幸せなチームづくり」であることを、本書の執筆を通じ、改めて確信しました。

「幸せなチームづくり7か条」は、ポーラショップで長年培われてきた経験知を、ポーラ幸せ研究所が行った膨大なアンケート調査と分析の結果、導き出したものです。

幸福学が提唱する「幸せの４つの因子」と見事に相通じるものがあります。業種、部署を問わず、チームのポジティブな力を伸ばす、とても有用なツールです。多くの読者の皆さまが参考にされて、幸せなチームを作られることを願ってやみません。

全ての人が、仕事を通して世の中への貢献感を感じながら、幸せに働かれることを心より願っています。そのために、本書がヒントになっていますように。つらいことや苦しいことがあっても、全ての方が乗り越えられますように。全ての人が、単に収入を得るために働くのではなく、貢献感や成長実感を持ちながら働けますように。全てのチームが、チームワークにあふれ、信頼と尊敬に満ちあふれた、素晴らしいチームでありますように。

そのために大切なことの一つは、「今行っていることは、みんなの幸せに寄与しているだろうか」と問うことだと思います。幸せかどうか、というのは最も根源的な問いだからです。企業の存在意義もパーパスもミッションも「みんなの幸せのため」であることを認識したチームは、最強のチームであり、最幸のチームです。

そして、仕事に限らず、家族も、友人同士も、趣味のサークルも、地域コミュニティーも、みんなチームです。人は一人では生きられません。全ての人はチームを通して幸せに生きるのです。ワークでもライフでも、幸せなチームに属することこそが、個々人の幸せな生き方につながるのです。

全ての人が、幸せでありますように。全ての人が、やりがい・生きがい・働きがいを見つけられますように。全ての人が、素晴らしいチームの一員として、愛と感謝と信頼と尊敬に包まれて歩んでいけますように。

2023年9月

謝辞

この本の執筆に際し
たくさんの方々の力をいただきました。

ウェルビーイング経営、幸福学の
最新の知見を共有してくれた前野隆司氏。
「社会の永続的幸福を目指す」チームである
全国のビューティーディレクター、
ポーラ従業員、ポーラ幸せ研究所のメンバー
(中でも、調査・編集チームの元林さん、手塚さん、佐藤さん、勝田さんの伴走に感謝)。
そしてポーラを愛してくださる
全てのお客さま。

「幸せなチームづくり7か条」は
皆さまとのつながりで生まれたものです。

心より感謝を申し上げます。

株式会社ポーラ 代表取締役社長
ポーラ幸せ研究所 所長

及川美紀

宮城県石巻市出身。東京女子大学卒。1991年株式会社ポーラ化粧品本舗（現株式会社ポーラ）入社。子育てをしながら30代で埼玉エリアマネージャーに。2009年商品企画部長。12年に執行役員、14年に取締役就任。商品企画、マーケティング、営業などバリューチェーンをすべて経験し、20年1月より代表取締役社長（トータルビューティー事業本部長兼務）。 誰もが自分の可能性を拓くことができる社会をミッションに、パーパス経営・ダイバーシティ経営を牽引している。

EVOL株式会社 代表取締役CEO
ポーラ幸せ研究所 アドバイザー

前野マドカ

一般社団法人ウェルビーイングデザイン理事。慶應義塾大学大学院システムデザイン・マネジメント研究科付属SDM研究所研究員。国際ポジティブ心理学協会会員。
パートナーで幸福学研究の第一人者である慶應義塾大学大学院教授の前野隆司氏との共著書に『ウェルビーイング』（日経文庫）など。

幸せなチームが結果を出す

ウェルビーイング・マネジメント7か条

2023年9月19日　第1版第1刷発行
2024年2月28日　第1版第2刷発行

著者	及川美紀　前野マドカ
発行者	林哲史
発行	株式会社 日経BP
発売	株式会社日経BPマーケティング 〒105-8308　東京都港区虎ノ門4-3-12
表紙デザイン	小口翔平＋畑中茜（tobufune）
本文デザイン・制作	但野理香（ESTEM）
イラスト	水谷慶大
編集	安原ゆかり　手代木建
印刷・製本	図書印刷株式会社

ISBN978-4-296-20329-1